वंदे मातरम
तथा
अन्य राष्ट्रीय गीत

डॉ. राजेन्द्र पटोरिया

डायमंड बुक्स

www.diamondbooks.in

प्रकाशक	:	**डायमंड पॉकेट बुक्स (प्रा.) लि.**
		X-30 ओखला इंडस्ट्रियल एरिया, फेज-II
		नई दिल्ली-110020
फोन	:	011-40712200
ई-मेल	:	wecare@diamondbooks.in
वेबसाइट	:	www.diamondbooks.in
संस्करण	:	2026

Vande Matram Tatha Anya Rashtriye Geet

By : Rajendra Patoria

दो शब्द

सन् 1600 में ईस्ट इंडिया कंपनी छद्मवेष धारण कर भारत में व्यापार के बहाने यहाँ पर शासन करने का कुचक्र करने लगी। बर्बर यूरोपवालों ने भारत की संस्कृति को नष्ट करने का षड़यंत्र किया। 1757 ईस्वी में प्लासी की लड़ाई के बाद तो समूचे उत्तर भारत में कंपनी राज कायम हो गया। मगर भारत की आत्मा ने कभी भी गुलामी की जंजीर स्वीकार नहीं की। निरंतर संघर्ष और विद्रोह की चिनगारियाँ फूटती रहीं। इन चिंनगारियों को ज्वाला बनाने का काम आजादी के गीतों ने किया। 1767 में बंगाल, बिहार और असम में सिपाहियों, किसानों एवं मजदूरों ने एक लम्बी लड़ाई लड़ी। देश प्रेम के गीतों ने अलख जगाए रखा। 'आनंदमठ' और 'वन्देमातरम' रचनाओं का जन्म हुआ। 1810 में बनारस में अनूठी हड़ताल हुई। 1806 और 1824 में छोटे-मोटे सिपाही विद्रोह चलते रहे। यही वह समय था जब आज़ादी व देशप्रेम के गीतों ने लोगों को जगाने का काम किया। 1857 के प्रथम स्वतंत्रता आन्दोलन के समय व उसके बाद सैनिकों के लिए अनेकों देशभक्ति गीत लिखे गए। 1861 तक आते-आते जैसे पूरा बंगाल जग चुका था। इस समय अनेक जागरण गीत लिखे गए। 1866 में नील के खेतों में निलहे गोरों के विरुद्ध 'नील विद्रोह' प्रथम असहयोग आन्दोलन का बिगुल बजा। इस समय आयोजित मेलों में राष्ट्रीय गीत गाया गया। स्वदेशी गीतों ने समग्र भारत में नयी प्रेरणा प्रदान की।

जब भारतेंदु हरिश्चन्द्र का उदय हुआ तब अंग्रेजों के अत्याचारों पर अनेक गीत लिखे गए। 1896 में कलकत्ता में राष्ट्रीय कांग्रेस के बारहवें अधिवेशन में स्वयं गुरुदेव रविंद्रनाथ ठाकुर ने 'वन्देमातरम' का गायन किया। 1905 में लार्ड कर्जन की कुटिल-चाल से बंगाल विभाजन की पेशकश हुई। इस समय कलकत्ता की सड़कों पर राष्ट्रीय गीतों की बौछारें होने लगीं। लोग घूम-घूमकर गाते तथा सोये भारत को जगाने में जुटे। 1906 में बनारस में हुए कांग्रेस अधिवेशन में जब्तशुदा गीत 'वन्देमातरम' का श्रीमती सरलारानी चौधरानी गायन किया। 1907 में मैडम भीकाजी कामा ने जर्मनी में वंदेमातरम अंकित भारत की राष्ट्र ध्वजा फहराई। 1908 में पहला बम विस्फोट हुआ और 'वन्देमातरम' गीत कहते हुए बालक खुदीराम बोस शहीद हो गया। 1914 में प्रथम विश्वयुद्ध के दौरान आजादी एवं देशप्रेम के अनेकों गीत गाये जाते रहे। अमेरिका में 'गदर पार्टी' बनी जहाँ राष्ट्रीय गीतों से सभा आरम्भ होती थी।

1919 में राक्षस डायर ने कायरता पूर्वक जालियांवाला बाग में हजारों निःशस्त्र पुरुषों-औरतों और बच्चों को गोलियों से भून दिया। उस समय कवियों ने खून-खौलती कविताओं के माध्यम से अंग्रेजी न्याय व्यवस्था, दुराचार, अत्याचार का मुखौटा उतारा। जननायक लोकमान्य तिलक द्वारा किए गए आंदोलन के समय अनेक कवियों ने अपनी कलम से गीत लिखकर जनमानस में नई स्फूर्ति फैलाई। 1920 में महात्मा गांधी ने जब बागडोर संभाली, उनके असहयोग आंदोलन के दौरान ललकारने वाली कविताओं ने आग के गोलों का काम किया। 14 वर्षीय चंद्रशेखर आजाद को जब 15 बेतों की सजा दी गई तो उन्होंने प्रत्येक छड़ी खाने के बाद 'वंदेमातरम' गीत की पंक्तियां दोहराई। शहीद भगत सिंह एवं उनके साथी जेल यातनाओं के समय देश भक्ति के गीत गाते थे। पं. रामप्रसाद बिस्मिल ने फाँसी के पहले जेल में कविताएं एवं आत्मकथा लिखी। नौजवान असफाक उल्ला खान ने भी फाँसी के पहले गीत लिखे। 1928 में 'सायमन कमीशन' के विरोध में अनेक कवियों ने अपनी तेज कलम चलाई। गाँधी जी ने जब 'नमक सत्याग्रह किया तब दांडी-यात्रा के दौरान हजार लोगों का जुलूस गीत गाते हुए आगे बढ़ता गया।

1942 में भारत छोड़ो आन्दोलन के दौरान कवियों ने ललकार कर लोगों में जोश भरा। नेताजी सुभाषचंद्र बोस ने जापान में 'आजाद हिंद फौज' की स्थापना की। उस समय सैनिकों एवं अवाम के लिए अनेकों गीत लिखे गए। 15 अगस्त, 1947 को देश आजाद हुआ।

स्वतंत्रता के बाद देशप्रेम के गीत लिखे जाने लगे। चीन एवं पाकिस्तान के युद्ध के दौरान सैकड़ों कविताओं ने सैनिकों व जनता में जोश भरने का काम किया। तब से लेकर आज तक राष्ट्रप्रेम के गीत लिखे जा रहे हैं। आजादी के आन्दोलन एवं देश को संवारने में इन गीतों का बहुत बड़ा योगदान रहा है। इस पुस्तक में कुछ राष्ट्रप्रेम की कविताओं का संकलन प्रस्तुत है। हजारों कविताओं में कुछ कवियों की कविताओं को चुनना एक कठिन कार्य था। इस बीच बड़ी दुविधा रही कि किन कवियों की कविता को लूं और किसको छोड़ूं। काफी सोच-विचार के बाद एक छोटा-सा प्रयास किया है।

पुस्तक में प्रकाशित सभी रचनाकारों को मेरा सादर नमन है।

डॉ. राजेन्द्र पटोरिया

मो. : 9421779906

आजाद चौक सदर, नागपुर- 44000

विषय सूची

पुष्प की अभिलाषा

-माखनलाल चतुर्वेदी

चाह नहीं मैं सुरबाला के गहनों में गूंथा जाऊं,
चाह नहीं प्रेमी-माला में बिंध प्यारी को ललचाऊं,
चाह नहीं सम्राटों के शव पर हे हरि ! डाला जाऊं,
चाह नहीं देवों के सिर पर चढ़ूं भाग्य पर इतराऊं,

मुझे तोड़ लेना वनमाली, उस पथ पर तुम देना फेंक,
मातृभूमि पर शीश चढ़ाने जिस पथ जाएं वीर अनेक।।

(संपूर्ण सामंती प्रतीकों को अस्वीकार कर पुष्प की अभिलाषा है कि मातृभूमि की वेदी पर शीश चढ़ाने जाने वाले के पैरों के नीचे कुचले जाने पर ही उसके होने की सार्थकता है)

जलियाँवाला की वेदी

-मखनलाल चतुर्वेदी

नहीं लिया हथियार हाथ में, नहीं किया कोई प्रतिकार,
'अत्याचार न होने देंगे', बस इतनी ही थी मनुहार।
सत्याग्रह के सैनिक थे ये, सब सहकर रहकर उपवास,
वास बंदियों में स्वीकृत था, हृदय-देश पर था विश्वास।

मुरझा तन था, निश्चल मन था, जीवन ही केवल धन था,
मुसलमान हिंदूपन छोड़ा, बस निर्मल अपनापन था।

मंदिर में था चाँद चमकता, मस्जिद में मुरली की तान,
मक्का हो चाहे वृंदावन होते आपस में कुरबान।
सूखी रोटी दोनों खाते, पीते थे रावी का जल,
मानो मल धोने को पाया, उसने अहा उसी दिन बल।

गुरु गोविंद तुम्हारे बच्चे, अब भी तन चुनवाते हैं,
पथ से विचलित न हों, मुदित, गोली से मारे जाते हैं।

गली-गली में अली-अली की गूंज मचाते हिल-मिलकर,
मारे जाते-कर न उठाते, हृदय चढ़ाते खिल-खिलकर।
कहो करें क्या, बैठे हैं हम, सुनें मस्त आवाजों को,
धो लेवें रावी के जल से हम इन ताजे घावों को।

रामचंद्र मुखचंद्र तुम्हारा, घातक से कब कुम्हलाया,
तुमको मारा नहीं वीर, अपने को उसने मरवाया।

जाओ-जाओ-जाओ प्रभु को, पहुँचाओ स्वदेश-संदेश,
'गोली से मारे जाते हैं भारतवासी, हे सर्वेश!'
रामचंद्र तुम कर्मचंद्र सुत बनकर आ जाना सानंद,
जिससे माता के संकट के बंधन तोड़ सको स्वच्छंद।

चिंता है होवे न कलंकित, हिंदू धर्म, पाक इस्लाम, गावें
दोनों सुध-बुध खोकर या अल्ला, जय-जय घनश्याम।

स्वागत है सब जगतीतल का, उसके अत्याचारों का,
अपनापन रखकर स्वागत है, उसकी दुर्बल मारों का।
हिंदू-मुस्लिम ऐक्य बनाया स्वागत उन उपहारों का,
पर मिटने के दिवस रूप धर आवेंगे त्योहारों का।

गोली को सह जाओ, जाओ-प्रिय अब्दुल करीम जाओ,
अपनी बीती हुई खुदा तक, अपने बनकर पहुँचाओ।

***

वह देश कौन सा है

-रामनरेश त्रिपाठी

मनमोहनी प्रकृति की जो गोद में बसा है,
सुख स्वर्ग-सा जहाँ है, वह देश कौन सा है?

जिसका चरण निरंतर रतनेश धो रहा है,
जिसका मुकुट हिमालय, वह देश कौन सा है?

नदियाँ जहाँ सुधा की धारा बहा रही हैं,
सींचा हुआ सलोना, वह देश कौन सा है?

जिसके बड़े रसीले फल, कंद, नाज, मेवे,
सब अंग में सजे हैं, वह देश कौन सा है?

जिसमें सुगंधवाले सुंदर प्रसून प्यारे,
दिन-रात हँस रहे हैं, वह देश कौन सा है?

मैदान गिरि वनों में हरियालियाँ लहकतीं,
आनंदमय जहाँ है, वह देश कौन सा है?

जिसके अनंत धन से धरती भरी पड़ी है,
संसार का शिरोमणि, वह देश कौन सा है?

सबसे प्रथम जगत में जो सभ्य था यशस्वी,
जगदीश का दुलारा, वह देश कौन सा है?

पृथ्वी निवासियों को जिसने प्रथम जगाया,
शिक्षित किया सुधारा, वह देश कौन सा है?

जिसमें हुए अलौकिक तत्त्वज्ञ ब्रह्मज्ञानी,
गौतम, कपिल, पतंजलि, वह देश कौन सा है?

छोड़ा स्वराज्य तृणवत आदेश से पिता के,
वह राम था जहाँ पर, वह देश कौन सा है?

निःस्स्वार्थ शुद्ध प्रेमी भाई जहाँ भले थे,
लक्ष्मण-भरत सरीखे, वह देश कौन सा है?

देवी पतिव्रता श्री सीता जहाँ हुई थी,
माता-पिता जगत का, वह देश कौन सा है?

आदर्श नर जहाँ पर थे बाल ब्रह्मचारी,
हनुमान, भीष्म, शंकर, वह देश कौन सा है?

विद्वान वीर योगी गुरु राजनीतिकों का,
श्रीकृष्ण था जहाँ पर, वह देश कौन सा है?

विजयी बली जहाँ के बेजोड़ शूरमा थे,
गुरु द्रोण, भीम, अर्जुन, वह देश कौन सा है?

जिसमें दधीच दानी, हरिश्चंद्र, कर्ण-से थे,
सब लोक का हितैषी, वह देश कौन सा है?

वाल्मीकि, व्यास ऐसे जिसमें महान कवि थे,
श्री कालिदास वाला, वह देश कौन सा है?

निष्पक्ष न्यायकारी जन जो पढ़े-लिखे हैं,
वे सब बता सकेंगे, वह देश कौन सा है?

हम तीस कोटि भाई सेवक सपूत जिसके,
भारत सिवाय दूजा, वह देश कौन सा है?

***

मातृभूमि

-मैथिलीशरण गुप्त

नीलांबर परिधान हरित पट पर सुंदर है,
सूर्य-चंद्र युग मुकुट, मेखला रत्नाकर है।
नदियाँ प्रेम-प्रवाह, फूल तारे मंडल हैं,
बंदीजन खग-वृंद, शेष फन सिंहासन हैं।
करते अभिषेक पयोद हैं, बलिहारी इस देश की।
हे मातृभूमि, तू सत्य ही, सगुण मूर्ति सर्वेश की॥

निर्मल तेरा नीर अमृत के सम उत्तम है,
शीतल-मंद-सुगंध पवन हर लेता श्रम है।
षट्ऋतुओं का विविध दृश्ययुत अद्भुत क्रम है,
हरियाली का फर्श नहीं मखमल से कम है।
शचि सुधा सींचता रात में, तुझ पर चंद्र प्रकाश है।
हे मातृभूमि, दिन में तरणि, करता तम का नाश है॥

सुरभित, सुंदर, सुखद सुमन तुझ पर खिलते हैं,
भाँति-भाँति के सरस, सुधोपम फल मिलते हैं।
औषधियाँ हैं प्राप्त एक-से-एक निराली,
खानें शोभित कहीं धातु-वर रत्नोंवाली।
जो आवश्यक होते हमें, मिलते सभी पदार्थ हैं।
हे मातृभूमि, वसुधा-धरा, तेरे नाम यथार्थ हैं॥

दीख रही है कहीं दूर तक शैल-श्रेणी, कहीं धनावलि
बनी हुई है तेरी वेणी, नदियाँ पैर पखार रही हैं
बनकर चेरी, पुष्पों से तरु-राजि कर रही पूजा तेरी।

मृदु मलय-वायु मानो तुझे, चंदन चारु चढ़ा रही।
हे मातृभूमि, किसका न तू, सात्त्विक भाव बढ़ा रही॥

क्षमामयी, तू दयामयी है, क्षेममयी है,
सुधामयी, वात्सल्यमयी, तू प्रेममयी है।
विभवशालिनी, विश्वपालिनी, दुःखहर्त्री है,
भयनिवारिणी, शांतिकारिणी, सुखकी है।

हे शरणदायिनी देवी तू, करती सबका त्राण है।
हे मातृभूमि! संतान हम, तू जननी, तू प्राण है।

***

पूजा गीत

-सोहनलाल द्विवेदी

वंदना के इन स्वरों में एक स्वर मेरा मिला लो!
राग में जब मत्त झूलो,
तो कभी माँ को न भूलो,
अर्चना के रत्न-कण में एक कण मेरा मिला लो।
जब हृदय का तार बोले,
शृंखला के बंद खोले,
हों जहाँ बलि शीश अगणित, एक सिर मेरा मिला लो।

***

प्रयाण गीत

-सोहनलाल द्विवेदी

न हाथ एक शस्त्र हो, न साथ एक अस्त्र हो
न अन्न वीर वस्त्र हो!
हटो नहीं, डरो नहीं, बढ़े चलो, बढ़े चलो।
रहे समक्ष हिम शिखर, तुम्हारा प्रण उठे निखर,
भले ही जाए तन बिखर।
रुको नहीं, झुको नहीं, बढ़े चलो, बढ़े चलो।
घटा घिरी अटूट हो, अधर में कालकूट हो,
वही अमृत का घूंट हो।
जिए चलो, मरे चलो, बढ़े चलो, बढ़े चलो।
गगन उगलता आग हो, छिड़ा मरण का राग हो,
लहू का अपने फाग हो।
अड़ो वहीं, गड़ो वहीं, बढ़े चलो, बढ़े चलो।
चलो नई मिसाल हो, जलो नई मशाल हो,
पढ़ो नया कमाल हो।
रुको नहीं, झुको नहीं, बढ़े चलो, बढ़े चलो।
अशेष रक्त तौल दो, स्वतंत्रता का मोल दो,
कड़ी युगों की खोल दो।
डरो नहीं, मरो वहीं, बढ़े चलो, बढ़े चलो।

***

जलियाँवाला बाग में वसंत

-सुभद्रा कुमारी चौहान

यहाँ कोकिला नहीं, काक हैं शोर मचाते,
काले-काले कीट, भ्रमर का भ्रम उपजाते।
कलियाँ भी अधखिली, मिली हैं कंटक-कुल से,
वे पौधे, वे पुष्प, शुष्क हैं अथवा झुलसे।

परिमल-हीन पराग दाग-सा बना पड़ा है,
हा! यह प्यारा बाग खून से सना पड़ा है।
आओ प्रिय ऋतुराज! किंतु धीरे से आना,
यह है शोक-स्थान यहाँ मत शोर मचाना।

वायु चले पर मंद चाल से उसे चलाना,
दुःख को आहे संग उड़ाकर मत ले जाना।
कोकिल गावे, किंतु राग रोने का गावे,
भ्रमर करे गुंजार, कष्ट की कथा सुनावे।

लाना सँग में पुष्प, न हों वे अधिक सजीले,
हो सुगंध भी मंद, ओस से कुछ-कुछ गीले।
किंतु न तुम उपहार-भाव आकर दरसाना,
स्मृति में पूजा हेतु यहाँ थोड़े बिखराना।

कोमल बालक मरे यहाँ गोली खा-खाकर,
कलियाँ उनके लिए गिराना थोड़ी लाकर।
आशाओं से भरे हृदय भी छिन्न हुए हैं,
अपने प्रिय-परिवार देश से भिन्न हुए हैं।

कुछ कलियाँ अधखिली यहाँ इसलिए चढ़ाना,
करके उनकी याद अश्रु की ओस बहाना।
तड़प-तड़पकर वृद्ध मरे हैं गोली खाकर,
शुष्क पुष्प कुछ वहाँ गिरा देना तुम जाकर।

यह सब करना, किंतु बहुत धीरे से आना।
यह है शोक-स्थान यहाँ मत शोर मचाना॥

***

झाँसी की रानी की समाधि पर

-सुभद्रा कुमारी चौहान

इस समाधि में छिपी हुई है
एक राख की ढेरी।
जलकर जिसने स्वतंत्रता की
दिव्य आरती फेरी॥

यह समाधि, यह लघु समाधि, है
झाँसी की रानी की।
अंतिम लीलास्थली यही है
लक्ष्मी मर्दानी की॥

यहीं कहीं पर बिखर गई वह
भग्न विजय-माला-सी।
उसके फूल यहाँ संचित हैं
है यह स्मृति-शाला-सी॥

सहे वार पर वार अंत तक
लड़ी वीर बाला-सी।
आहुति-सी गिर चढ़ी चिता पर
चमक उठी ज्वाला-सी॥

बढ़ जाता है मान वीर का
रण में बलि होने से।

मूल्यवती होती सोने की
भस्म यथा सोने से॥

रानी से भी अधिक हमें अब
यह समाधि है प्यारी।
यहाँ निहित है स्वतंत्रता की
आशा की चिनगारी॥

इससे भी सुंदर समाधियाँ
हम जग में हैं पाते।
उनकी गाथा पर निशीथ में
क्षुद्र जंतु ही हैं गाते॥

पर कवियों की अमर गिरा में
इसकी अमिट कहानी।
स्नेह और श्रद्धा से गाती
है वीरों की बानी॥

बुंदेले हरबोलों के मुख
हमने सुनी कहानी।
खूब लड़ी मर्दानी वह थी
झाँसी वाली रानी॥
यह समाधि, यह चिर समाधि
है झाँसी की रानी की।
अंतिम लीलास्थली यही है
लक्ष्मी मर्दानी की।

***

खूब लड़ी मरदानी

-सुभद्रा कुमारी चौहान

बुंदेलों, हरबोलों के मुख हमने सुनी कहानी थी,
खूब लड़ी मरदानी वह तो झाँसीवाली रानी थी।

सिंहासन हिल उठे, राजवंशों ने भृकुटी तानी थी,
बूढ़े भारत में भी आई, फिर से नई जवानी थी,
गुमी हुई आजादी की कीमत सबने पहचानी थी,
दूर फिरंगी को करने की, सबने मन में ठानी थी,
चमक उठी सन सत्तावन में वह तलवार पुरानी थी।

कानपूर के नाना की मुँहबोली बहन 'छबीली' थी,
लक्ष्मीबाई नाम, पिता की वह संतान अकेली थी,
नाना के सँग पढ़ती थी, वह नाना के सँग खेली थी,
बरछी, ढाल, कृपाण, कटारी, उसकी यही सहेली थीं,
वीर शिवाजी की गाथाएँ, उसको याद जबानी थीं।

लक्ष्मी थी या दुर्गा थी वह, स्वयं वीरता की अवतार,
देख मराठे पुलकित होते उसकी तलवारों के वार,
नकली युद्ध, व्यूह की रचना और खेलना खूब शिकार,
सैन्य घेरना, दुर्ग तोड़ना, ये थे उसके प्रिय खिलवार,
महाराष्ट्र कुल देवी उसकी भी आराध्य भवानी थी।

हुई वीरता की वैभव के साथ सगाई झाँसी में,
ब्याह हुआ रानी बन आई, लक्ष्मीबाई झाँसी में,
राजमहल में बजी बधाई खुशियाँ छाईं झाँसी में,
चित्रा ने अर्जुन को पाया, शिव को मिली भवानी थी।

उदित हुआ सौभाग्य मुदित महलों में उजियाली छाई,
किंतु कालगति चुपके-चुपके काली घटा घेर लाई,
तीर चलानेवाले कर में उसे चूड़ियाँ कब भाईं,
रानी विधवा हुई, हाय! विधि को भी नहीं दया आई,
निस्संतान मरे राजा जी, रानी शोक समानी थी।

बुझा दीप झाँसी का तब डलहौजी मन में हरषाया,
राज्य हड़प करने का उसने वह अच्छा अवसर पाया,
फौरन फौजें भेज दुर्ग पर अपना झंडा फहराया,
लावारिस का वारिस बनकर ब्रिटिश राज झाँसी आया,
अश्रुपूर्ण रानी ने देखा झाँसी हुई विरानी थी।

अनुनय-विनय नहीं सुनता है, विकट शासकों की माया,
व्यापारी बन दया चाहता था यह जब भारत आया,
डलहौजी ने पैर पसारे, अब तो पलट गई काया,
राजा और नवाबों को भी उसने पैरों ठुकराया,
रानी दासी बनी, बनी वह दासी अब महारानी थी।

छीनी राजधानी देहली की, लखनऊ छीना बातों-बात,

कैद पेशवा था बिठूर में हुआ नागपुर का भी घात,
उदेपूर, तंजौर, सतारा, करनाटक की कौन बिसात,
जबकि सिंध, पंजाब, ब्रह्म पर अभी हुआ था वज्र निपात,
बंगाल, मद्रास आदि की भी तो वही कहानी थी।

रानी रोई रनिवासों में, बेगम गम से थीं बेजार,
उनके गहने कपड़े बिकते थे कलकत्ते के बाजार,
सरे आम नीलाम छापते थे, अंग्रेजों के अखबार,
नागपुर के जेवर ले लो, लखनऊ के नौलखा हार,
यों परदे की इज्जत परदेसी के हाथ बिकानी थी।

कुटियों में थी विकल वेदना महलों में आहत अपमान,
वीर सैनिकों के मन में था अपने पुरखों का अभिमान,
नाना धुंधूपंत पेशवा जुटा रहा था सब सामान,
बहिन छबीली ने रणचंडी का कर दिया प्रकट आह्वान,
हुआ यज्ञ आरंभ उन्हें तो सोई ज्योति जगानी थी।

महलों ने दी आग झोंपड़ी ने ज्वाला सुलगाई थी,
यह स्वतंत्रता की चिंगारी अंतरतम से आई थी,
झाँसी चेती, दिल्ली चेती, लखनऊ लपटें छाई थीं,
मेरठ, कानपुर, पटना ने भारी धूम मचाई थी, जबलपुर,
कोल्हापुर में भी कुछ हलचल उकसानी थी।

इस स्वतंत्रता महायज्ञ में कई वीरवर आए काम,
नाना धुंधूपंत ताँतिया, चतुर अजीमुल्ला सरनाम,
अहमदशाह मौलवी ठाकुर कुँवरसिंह सैनिक अभिराम,

भारत के इतिहास गगन में अमर रहेंगे जिनके नाम,
लेकिन आज जुर्म कहलाती, उनकी जो कुर्बानी थी॥

इनकी गाथा छोड़ चलें हम झाँसी के मैदानों में,
जहाँ खड़ी है लक्ष्मीबाई मर्द बनी मर्दानों में,
लेफ्टीनेंट बॉकर आ पहुँचा आगे बढ़ा जवानों में,
रानी ने तलवार खींच ली, हुआ द्वंद्व आसमानों में,
जख्मी होकर बॉकर भागा उसे अजब हैरानी थी।

रानी बढ़ी कालपी आई कर सौ मील निरंतर पार,
घोड़ा थककर गिरा भूमि पर गया स्वर्ग तत्काल सिधार,
यमुना तट पर अंग्रेजों ने फिर खाई रानी से हार,
विजयी रानी आगे चल दी किया ग्वालियर पर अधिकार,
अंग्रेजों के मित्र सिंधिया ने छोड़ी रजधानी थी।

विजय मिली, पर अंग्रेजों की फिर सेना घिर आई थी,
अब के जनरल स्मिथ सम्मुख था, उसने मुँह की खाई थी,
काना और मंदिरा सखियाँ रानी के सँग आई थीं,
युद्धक्षेत्र में उन दोनों ने भारी मार मचाई थी,
पर पीछे ह्यूरोज आ गया, हाय घिरी अब रानी थी।

तो भी रानी मार-काट कर चलती बनी सैन्य के पार,
किंतु सामने नाला आया, था यह संकट विषम अपार,
घोड़ा अड़ा, नया घोड़ा था, इतने में आ गए सवार,
रानी एक, शत्रु बहुतेरे होने लगे वार पर वार,
घायल होकर गिरी सिंहनी उसे वीरगति पानी थी।

रानी गई सिधार, चिता अब उसकी दिव्य सवारी थी,
मिला तेज से तेज, तेज की वह सच्ची अधिकारी थी,
अभी उम्र कुल तेईस की थी, मनुज नहीं अवतारी थी,
हमको जीवित करने आई, वह स्वतंत्रता नारी थी,
दिखा गई पथ, सिखा गई हमको जो सीख सिखानी थी।

जाओ रानी, याद रखेंगे, ये कृतज्ञ भारतवासी,
यह तेरा बलिदान जगावेगा स्वतंत्रता अविनाशी,
होवे चुप इतिहास, लगे सच्चाई को चाहे फाँसी,
हो मदमाती विजय, मिटा दे गोलों से चाहे झाँसी,
तेरा स्मारक तू ही होगी, तू ही खुद अमर निशानी थी।

बुंदेलों, हरबोलों के मुँह हमने सुनी कहानी थी।
खूब लड़ी मरदानी वह तो झाँसीवाली रानी थी॥

***

वीरों का कैसा हो वसंत

-सुभद्रा कुमारी चौहान

वीरों का कैसा हो वसंत? आ रही हिमालय से पुकार, है
उदधि गरजता बार-बार, प्राची पश्चिम, भू, नभ अपार,
सब पूछ रहे हैं दिग्-दिगंत, वीरों का कैसा हो बसंत?

फूली सरसों ने दिया रंग, मधु लेकर आ पहुँचा अनंग,
वधु-वसुधा पुलकित अंग-अंग, है वीर वेश में किंतु कंत।
वीरों का कैसा हो बसंत?

भर रही कोकिला इधर तान, मारू बाजे पर उधर गान,
है रंग और रण का विधान, मिलने आए हैं आदि-अंत ।
वीरों का कैसा हो बसंत?

गलबाँहें हों या हो कृपाण, चल चितवन हो या धनुष-बाण,
हो रस विलास या दलित त्राण, अब यही समस्या है दुरंत।
वीरों का कैसा हो बसंत?

कह दे अतीत सब मौन त्याग, लंके, तुझमें क्यों लगी आग,
ऐ कुरुक्षेत्र, अब जाग-जाग, बतला अपने अनुभव अनंत।
वीरों का कैसा हो बसंत?

हल्दीघाटी के शिलाखंड, ऐ दुर्ग सिंहगढ़ के प्रचंड,
राजा ताना का कर घमंड, दो जगा आज स्मृतियाँ ज्वलंत।
वीरों का कैसा हो बसंत?

भूषण अथवा कवि चंद नहीं, बिजली भर दे वह छंद नहीं,
है कलम बँधी, स्वच्छंद नहीं, फिर हमें बतावे कौन हन्त?
वीरों का कैसा हो वसंत?

***

अहद

-सागर निजामी

जब तिलाई रंग सिक्कों को नचाया जाएगा,
जब मिरी गैरत को दौलत से लड़ाया जाएगा,
जब रगे-इफलास को मेरी दबाया जाएगा,
ऐ वतन! उस वक्त भी मैं तेरे नगमे गाऊँगा।
और अपने पाँव से अंबारे-जर ठुकराऊँगा।

जब मुझे पेड़ों से उरियाँ करके बाँधा जाएगा,
गरम आहन से मिरे होंठों को दागा जाएगा,
जब दहकती आग पर मुझको लिटाया जाएगा,
ऐ वतन! उस वक्त भी मैं तेरे नगमे गाऊँगा।
तेरे नगमे गाऊँगा और आग पर सो जाऊँगा।

ऐ वतन! जब मुझ पे दुश्मन गोलियाँ बरसाएँगे,
सुर्ख बादल जब फिजाओं पे तेरी छा जाएँगे,
जब समंदर आग के बुर्जों से टक्कर खाएँगे।
ऐ वतन! उस वक्त भी मैं तेरे नगमे गाऊँगा।
तेग की झंकार बनकर मिस्ले-तूफाँ आऊँगा।।

गोलियाँ चारों तरफ से घेर लेंगी जब मुझे,
और तनहा छोड़ देगा जब मिरा मरकब मुझे,
और संगीनों पे चाहेंगे उठाना सब मुझे,
ऐ वतन! उस वक्त भी मैं तेरे नगमे गाऊँगा।
मरते-मरते इक तमाशा-ए-वफा बन जाऊँगा।

खून से रंगीन हो जाएगी जब तेरी बहार,
सामने होंगी मेरे जब सर्द लाशें बेशुमार,
जब मेरे बाजू पे सर आकर गिरेंगे बार-बार,
ऐ वतन! उस वक्त भी मैं तेरे नगमे गाऊँगा।
और दुश्मन की सफों पर बिजलियाँ बरसाऊँगा॥

जब दरे-जिंदाँ खुलेगा बरमला मेरे लिए,
इंतकामी जब सजा होगी रवा मेरे लिए,
हर नफस जब होगा पैगामे-कजा मेरे लिए,
ऐ वतन! उस वक्त भी मैं तेरे नगमे गाऊँगा।
बादाकश हूँ, जहर की तल्खी से कब घबराऊँगा।

हुक्म आखिर कत्लगाह में जब सुनाया जाएगा,
जब मुझे फाँसी के तख्ते पर चढ़ाया जाएगा,
जब यकायक तक्ता-ए-खूनी हटाया जाएगा,
ऐ वतन! उस वक्त भी मैं तेरे नगमे गाऊँगा।
अहद करता हूँ कि मैं तुझ पर फिदा हो जाऊँगा॥

***

मेरा वतन

-शेख मोहम्मद इकबाल

चिश्ती ने जिस जमीं में पैगामे-हक सुनाया,
नानक ने जिस चमन में वहदत का गीत गाया,
तातारियों ने जिसको अपना वतन बनाया,
जिसने हेजाजियों से दश्ते-अरब छुड़ाया,
मेरा वतन वही है, मेरा वतन वही है॥१॥

सारे जहाँ को जिसने इल्मो-हुनर दिया था,
यूनानियों को जिसने हैरान कर दिया था,
मिट्टी को जिसके हक ने जर का अपर दिया था,
तुर्कों का जिसने दामन हीरों से भर दिया था,
मेरा वतन वही है, मेरा वतन वही है॥२॥

टूटे थे जो के जिसने चमकाए कहकशाँ से,
वहदत की लय सुनी थी दुनिया ने जिस मकाँ से,
मीरे-अरब को आई ठंडी हवा जहाँ से,
मेरा वतन वही है, मेरा वतन वही है॥३॥

बंदे किलीम जिसके, परवत जहाँ के सीना,
नूहे-नबी का ठहरा, आकर जहाँ सफीना,
रफअत है जिस जमीं को, बाने-फलक का जीना,

जन्नत की जिंदगी है, जिसकी फिजाँ में जीना,
मेरा वतन वही है, मेरा वतन वही है॥४॥

गौतम का जो वतन है, जापान का हरम है,
ईसा के आशिकों को मिस्ले-यरूशलम है,
मदफून जिस जमीं में इसलाम का हरम है,
हर फल जिस चमन का, फिरदौस है,
हरम है, मेरा वतन वही है, मेरा वतन वही है॥५॥

***

सारे जहाँ से अच्छा हिंदोस्ताँ हमारा

-शेख मोहम्मद इकबाल

सारे जहाँ से अच्छा हिंदोस्ताँ हमारा।
हम बुलबुलें हैं इसकी ये गुलिस्ताँ हमारा॥

गुरबत में हों अगर हम रहता है दिल वतन में,
समझो वहीं हमें भी दिल हो जहाँ हमारा।
पर्वत वो सबसे ऊँचा हमसाया आसमाँ का,
वह संतरी हमारा वह पासबाँ हमारा॥

गोदी में खेलती हैं जिसकी हजारों नदियाँ,
गुलशन है जिनके दम से रश्के-जिना हमारा।
ऐ आबे-रूदे-गंगा वह दिन है याद तुझको,

उतरा तेरे किनारे जब कारवाँ हमारा॥

मजहब नहीं सिखाता आपस में बैर रखना,
हिंदी हैं हम वतन है हिंदोस्ताँ हमारा।
यूनान मिस्र रोमाँ सब मिट गए जहाँ से,
अब तक मगर है बाकी नामो-निशाँ हमारा॥

कुछ बात है कि हस्ती मिटती नहीं हमारी,
सदियों रहा है दुश्मन दौरे-जहाँ हमारा।
'इकबाल' कोई मरहम अपना नहीं जहाँ में,
मालूम क्या किसी को दर्दे-निदाँ हमारा॥

***

कर्मवीर

-अयोध्या सिंह उपाध्याय 'हरिऔध'

देखकर जो विघ्न-बाधाओं को घबराते नहीं,
रह भरोसे भाग्य के दुःख भोग पछताते नहीं।
काम कितना ही कठिन हो किंतु उकताते नहीं,
भीड़ में चंचल बनें जो वीर दिखलाते नहीं॥

होते हैं यक आन में उनके बुरे दिन भी भले,
सब जगह सब काल में रहते हैं वे फूले-फले।
आज जो करना है कर देते हैं उसको आज ही,
सोचते कहते हैं जो कुछ कर दिखाते हैं वही॥

मानते जी की हैं सुनते हैं सदा सबकी कही,
जो मदद करते हैं अपनी इस जगत में आप ही।
भूलकर वे दूसरे का मुँह कभी तकते नहीं,
कौन ऐसा काम है वे कर जिसे सकते नहीं॥

जो कभी अपने समय को यों बिताते हैं नहीं,
काम करने की जगह बातें बनाते हैं नहीं।
आज-कल करते हुए जो दिन गँवाते हैं नहीं,
यत्न करने में कभी जो जी चुराते हैं नहीं॥

बात है वह कौन जो होती नहीं उनके लिए,
वे नमूना आप बन जाते हैं औरों के लिए।
गगन को छूते हुए दुर्गम पहाड़ों के शिखर,
वे घने जंगल जहाँ रहता है तम आठों पहर ॥

गरजती जल-राशि की उठती हुई ऊँची लहर,
आग की भयदायिनी फैली दिशाओं में लवर।
ये कँपा सकती कभी जिसके कलेजे को नहीं,
भूलकर भी वह नहीं नाकाम रहता है कहीं॥

चिलचिलाती धूप को जो चाँदनी देवें बना,
काम पड़ने पर करें जो शेर का भी सामना।
हँसते-हँसते जो चबा लेते हैं लोहे का चना,
'है कठिन कुछ भी नहीं', जिनके है जी में यह ठना॥

कोस कितने ही चलें पर वे कभी थकते नहीं,
कौन सी है गाँठ जिसको खोल वे सकते नहीं।
ठीकरी को वे बना देते हैं सोने की डली,
रेग को भी कर दिखा देते हैं वे सुंदर गली॥

वे बबूलों में लगा देते हैं चंपे की कली,
काक को भी वे सिखा देते हैं कोकिल-काकली।
ऊसरों में हैं खिला देते अनूठे वे कमल,
वे लगा देते हैं उकठे काठ में भी फूल-फल॥

काम को आरंभ करके यों नहीं जो छोड़ते,
सामना करके नहीं जो भूलकर मुँह मोड़ते।
जो गगन के फूल बातों से वृथा नहिं तोड़ते,
संपदा मन से करोड़ों की नहीं जो जोड़ते॥

बन गया हीरा उन्हीं के हाथ से है कारबन,
काँच को करके दिखा देते हैं वे उज्ज्वल रतन।
पर्वतों को काटकर सड़कें बना देते हैं वे,
सैकड़ों मरुभूमि में नदियाँ बहा देते हैं वे॥

अगम जलनिधि-गर्भ में बेड़ा चला देते हैं वे,
जंगलों में भी महा-मंगल रचा देते हैं वे।
भेद नभ-तल का उन्होंने है बहुत बतला दिया,
हैं उन्होंने ही निकाली तार की सारी क्रिया॥

कार्य-थल को वे कभी नहिं पूछते 'वह है कहाँ',
कर दिखाते हैं असंभव को वही संभव यहाँ।
उलझनें आकर उन्हें पड़ती हैं जितनी ही जहाँ,
वे दिखाते हैं नया उत्साह उतना ही वहाँ।

डाल देते हैं विरोधी सैकड़ों ही अड़चनें,
वे जगह से काम अपना ठीक करके ही टलें।
जो रुकावट डालकर होवे कोई पर्वत खड़ा,
तो उसे देते हैं अपनी युक्तियों से वे उड़ा॥

बीच में पड़कर जलधि जो काम देवे गड़बड़ा,
तो बना देंगे उसे वे क्षुद्र पानी का घड़ा।
वन खंगालेंगे करेंगे व्योम में बाजीगरी,
कुछ अजब धुन काम के करने की उनमें है भरी॥

सब तरह से आज जितने देश हैं फूले-फले,
बुद्धि, विद्या, धन-विभव के हैं जहाँ डेरे डले।
वे बनाने से उन्हीं के बन गए इतने भले,
वे सभी हैं हाथ से ऐसे सपूतों के पले॥

लोग जब ऐसे समय पाकर जनम लेंगे कभी।
देश की औ' जाति की होगी भलाई भी तभी।

***

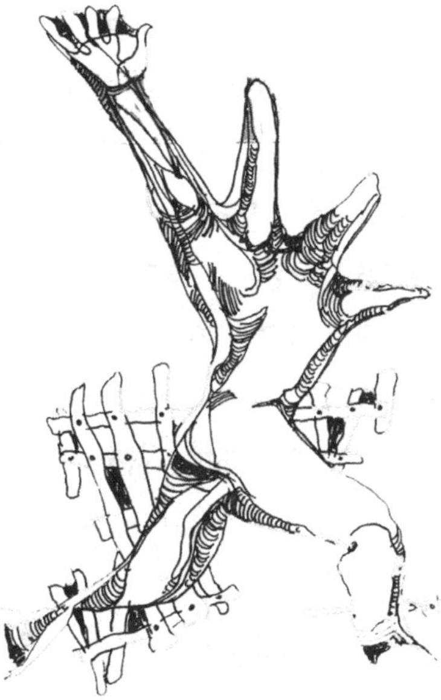

विप्लव गायन

- बालकृष्ण शर्मा 'नवीन'

कवि, कुछ ऐसी तान सुनाओ, जिससे उथल-पुथल मच जाए,
एक हिलोर इधर से आए, एक हिलोर उधर से आए।

प्राणों के लाले पड़ जाएँ,
त्राहि-त्राहि रव नभ में छाए।
नाश और सत्यानाशों का
धुआँधार जग में छा जाए॥

बरसे आग, जलद जल जाएँ,
भस्मसात् भूधर हो जाएँ।
पाप-पुण्य सद्सद् भावों की,
धूल उड़ उठे दाएँ-बाएँ।

नभ का वक्षस्थल फट जाए
तारे टूक-टूक हो जाएँ।
कवि कुछ ऐसी तान सुनाओ,
जिससे उथल-पुथल मच जाए।

माता की छाती का अमृत-
मय पय कालकूट हो जाए।
आँखों का पानी सूखे,
वे शोणित की टें हो जाएँ।

एक ओर कायरता काँपे,
गतानुगति विगलित हो जाए।
अंधे मूढ़ विचारों की वह,
अविचल शिक्षा विचलित हो जाए।

और दूसरी ओर कँपा देने,
वाला गर्जन उठ जाए।

अंतरिक्ष में एक उसी नाशक,
तर्जन की ध्वनि मँडराए॥

कवि कुछ ऐसी तान सुनाओ,
जिससे उथल-पुथल मच जाए।

नियम और उपनियमों के ये,
बंधन टूक-टूक हो जाएँ।
विश्वंभर की पोषक वीणा,
के सब तार मूक हो जाएँ।

शांति दंड टूटे उस महा-
रुद्र का सिंहासन थर्राए।
उसकी श्वासोच्छ्वास-दाहिका,
विश्व के प्रांगण में घहराए॥

नाश! नाश!! हा महानाश!!! की
प्रलयंकरी आँख खुल जाए।
कवि, कुछ ऐसी तान सुनाओ,
जिससे उथल-पुथल मच जाए।

सावधान! मेरी वीणा में,
चिनगारियाँ आन बैठी हैं।
टूटी हैं मिजराबें, अँगुलियाँ,
दोनों मेरी ऐंठी हैं॥

कंठ रुका है महानाश का,
मारक गीत रुद्ध होता है।
आग लगेगी क्षण में हृत्तल
में अब क्षुब्ध युद्ध होता है।

झाड़ और झंखाड़ दग्ध हैं–
इस ज्वलंत गायन के स्वर से।
रुद्ध गीत की क्रुद्ध तान है,
निकली मेरे अंतरतर से॥

कण-कण में है व्याप्त वही स्वर,
रोम-रोम गाता है वह ध्वनि।
वही तान गाती रहती है,
कालकूट फणि की चिंतामणि॥

जीवन-ज्योति लुप्त है-अहा!
सुप्त हैं संरक्षण की घड़ियाँ।
लटक रही हैं प्रतिपल में इस,
नाशक संभक्षण की लड़ियाँ॥

चकनाचूर करो जग को, गूंजे,
ब्रह्मांड नाश के स्वर से।

रुद्ध गीत की क्रुद्ध तान है,
निकली मेरे अंतरतर से॥

दिल को मसल-मसल मैं मेहँदी,
रचवा आया हूँ मैं यह देखो।
एक-एक अंगुलि-परिचालन,
में नाशक तांडव को पेखो॥

विश्वमूर्ति! हट जाओ! मेरा
भीम प्रहार सहे न सहेगा।
टुकड़े-टुकड़े हो जाओगी,
नाममात्र अवशेष रहेगा।

आज देख आया हूँ-जीवन
के सब राज समझ आया हूँ।
भ्रू-विलास में महानाश के,
पोषक सूत्र परख आया हूँ।

जीवन-गीत भुला दो-कंठ,
मिला दो मृत्यु-गीत के स्वर से।
रुद्ध गीत की क्रुद्ध तान है,
निकली है मेरे अंतरतर से॥

***

वंदे मातरम्

-बंकिमचंद्र चट्टोपाध्याय

सुजलां सुफलां मलयजशीतलाम्
शस्य श्यामलां मातरम्।
शुभ्रज्योत्स्ना पुलकितयामिनीम्
फुल्लकुसुमित द्रुमदल शोभिनीम्
सुहासिनी सुमधुर भाषिणीम्
सुखदां वरदां मातरम्।

* कोटि-कोटि कंठ कलकल-निनाद-कराले
कोटि-कोटि भुजैधृत खरकरवाले,
अबला केन मा एत बले।
बहुबलधारिणीं नमामि तारिणीम्
रिपुदलवारिणी मातरम्।

तुमि विद्या तुमि धर्म
तुमि हृदि तुमि मर्म
त्वं हि प्राणाः शरीरे
बाहुते तुमि मा शक्ति,
हृदये तुमि मा भक्ति,
तोमारइ प्रतिमा गड़ि मंदिर-मंदिरे मातरम्।

त्वं हि दुर्गा दशप्रहरधारिणी
कमला कमलदल विहारिणी
वाणी विद्यादायिनी, नमामि त्वाम्।

नमामि कमलां अमलां अतुलाम्
सुजलां सुफलां मातरम्।
वंदे मातरम्।

श्यामलां सरलां सुस्मितां भूषिताम्
धरणी भरणी मातरम्। ॥
वंदे मातरम्॥

* 'आनंदमठ' उपन्यास की मूल कविता में पाठ निम्नलिखित है :-
सप्त कोटि कंठ कलकल निनाद कराले,
द्विसप्त कोटि भुजैर्धत खरकरवाले।

***

प्रयाण गीत

- रामधारी सिंह 'दिनकर'

हम प्रभात की नई किरण हैं, हम दिन के आलोक नवल।
हम नवीन भारत के सैनिक, धीर, वीर, गंभीर अचल।
हम प्रहरी ऊंचे हिमाद्रि के, सुरभि स्वर्ग की लेते हैं।
हम हैं शांति-दूत धरती के, छांह सभी को देते हैं।
वीर प्रसू मां की आखों के, हम नवीन उजियाले हैं।
गंगा, यमुना, हिंद महासागर के हम रखवाले हैं।

हम सपूत उनके, जो नर थे, अनल और मधु के मिश्रण।
जिनमें नर का तेज प्रखर था, भीतर था नारी का मन।
एक नयन संजीवन जिनका, एक नयन था हालाहल।
जितना कठिन खड्ग था कर में उतना ही अन्तर कोमल।
थर-थर तीनों लोक कांपते थे जिनकी ललकारों पर।
स्वर्ग नाचता था रण में जिनकी पवित्र तलवारों पर।

हम शकारि विक्रमादित्य हैं अरि-दल को दलने वाले हैं।
रण में जमी नहीं, दुश्मन की लाशों पर चलने वाले।
हम अर्जुन, हम भीम, शांति के लिए जगत में जीते हैं।
मगर, शत्रु हठ करे अगर तो, लहू वक्ष का पीते हैं।
हम हैं शिवा-प्रताप रोटियां भले घास की खायेंगे।
मगर किसी जुलमी के आगे, मस्तक नहीं झुकायेंगे।

जियो जियो अय देश कि पहरे पर ही जगे हुए हैं हम।
वन, पर्वत, हर तरफ चौकसी में ही लगे हुए हैं हम।
हिंद-सिंधु की कसम, कौन इस पर जहाज ला सकता है?
सरहद के भीतर कोई दुश्मन कैसे आ सकता है?
पर की हम कुछ नहीं चाहते, अपनी किंतु बचायेंगे।
जिसकी उंगली उठी, उसे हम यमपुर को पहुंचायेंगे।
हम प्रहरी यमराज-समान, जियो, जियो अय हिंदुस्तान

कलम! आज उनकी जय बोल!

- रामधारी सिंह 'दिनकर'

जला अस्थियाँ अपनी सारी, छिटकायी जिनने चिनगारी,
जो चढ़ गये पुण्य वेदी पर, लिये बिना गरदन का मोल।
कलम, आज उनकी जय बोल।
जो अगणित लघु दीप हमारे, तूफानों में एक किनारे,
जल-जलकर बुझ गये किसी दिन, माँगा नहीं स्नेह मुंह खोल।
कलम, आज उनकी जय बोल !
पीकर जिनकी लाल शिखाएं, उगल रही लू-लपट दिशाएं,
जिनके सिंहनाद से सहमी, धरती रही अभी तक डोल!
कलम, आज उनकी जय बोल !
अंधा चकाचौंध का मारा, क्या जाने इतिहास बेचारा?
साखी है उनकी महिमा के सूर्य, चन्द्र, भूगोल, खगोल।
कलम, आज उनकी जय बोल !

***

भारती-वंदना

- सूर्यकांत त्रिपाठी 'निराला'

भारती जय-विजय करे, कनक शस्य कमल धरे।
लंका पदतल-शतदल, गर्जितोर्मि सागर-जल
धोता शुचि चरण युगल
स्तव कर बहु अर्थ भरे,
भारती जय-विजय करे।

तरु-तृण-वन-लता-वसन, अंचल में खंचित सुमन
गंगा ज्योतिर्जल-कण,
धवल-धार हार गले!
भारती जय-विजय करे।

मुकुट-शुभ्र हिम-तुषार, प्राण-प्रणव ओंकार,
ध्वनि दिशाएँ उदार,
शतमुख, शतरव मुखरे।
भारती जय-विजय करे॥

***

वर दे

- सूर्यकांत त्रिपाठी 'निराला'

वर दे, वीणावादिनि! वर दे।
प्रिय स्वतंत्र-रव,
अमृत-मंत्र नव,
भारत में भर दे।

काट अंध-उर के बंधन-स्तर,
बहा जननि ज्योतिर्मय निर्झर,
कलुष-भेद-तम हर, प्रकाश भर,
जगमग जग कर दे।

नव गति नव लय ताल छंद नव,
नवल कंठ, नव जलद मंद्र-रव,
नव नभ के नव विहग-वृंद को,
नव पर नव स्वर दे।
वर दे, वीणावादिनि! वर दे।

***

भारत माता

-सुमित्रानंदन पंत

भारत माता ग्रामवासिनी।
खेतों में फैला है श्यामल, धूल भरा मैला-सा अंचल,
गंगा-यमुना में आँसू जल, मिट्टी की प्रतिमा उदासिनी।
दैन्य-जड़ित, अपलक नव-चितवन, अधरों में चिर नीरव रोदन,
युग-युग के तम से विषण्ण मन, वह अपने घर में प्रवासिनी।
भारत माता ग्रामवासिनी।।
तीस कोटि संतान नग्न तन, अर्ध-क्षुधित, शोषित, निरस्त्र जन,
मूढ़ असभ्य, अशिक्षित, निर्धन, नतमस्तक, तरु-तल निवासिनी
भारत माता ग्रामवासिनी।
स्वर्ण शस्य, पर-पदतल लुंठित, धरती-सा सहिष्णु मन कुंठित,
क्रंदन-कंपित अधर, मौन स्मित, राहु-ग्रसित शरदेंदु हासिनी।
भारत माता ग्रामवासिनी।
चिंतित भृकुटि, क्षितिज तिमिरांकित, नमित नयन, नभ वाष्पाच्छादित,
आनन श्री छाया शशि उपमित, ज्ञान-गूढ़ गीता प्रकाशिनी।
भारत माता ग्रामवासिनी।
*सफल आज उसका तप-संयम, पिला अहिंसा स्तन्य सुधोपम,
हरती जन-मन भय, भव तम भ्रम, जग-जननी, जीवन विकासिनी।
भारत माता ग्रामवासिनी।

---

* ये दो पंक्तियाँ स्वतंत्रता के बाद जोड़ी गईं।

***

राष्ट्रगान

-*सुमित्रानंदन पंत*

जन भारत हे!
भारत हे!
स्वर्ग स्तंभवत् गौरव-मस्तक
उन्नत हिमवत् हे!
जन भारत हे, जाग्रत् भारत हे!
गगनचुंबि विजयी तिरंग-ध्वज
इंद्र चापवत् हे!
कोटि-कोटि हम श्रमजीवी सुत
संभ्रमयुत, नत हे!
सर्व एक मन एक ध्येयरत
सर्वश्रेयव्रत हे!
जन भारत हे, जाग्रत् भारत हे,
समुच्चरित शत-शत कंठों से
जन युग स्वागत हे!
सिंधु तरंगित मलय-श्वसित
गंगाजल-उर्मि विरत हे!
शरद-इंदुस्मित अभिनंदन हित
प्रतिध्वनित पर्वत हे,
स्वागत हे, स्वागत हे,
जन भारत हे, जाग्रत् भारत हे!
स्वर्ग-खंड, षड्ऋतु परिक्रमित,
आम्र मंजरित, मधुप गुंजरित,

कुसुमित फल-द्रुम पिक कल-कूजित
उर्वर, अभिमत हे!
दश दिशि हरित शस्य श्री हर्षित,
पुलक राशिवत् हे!
अजिाही केलसने पंज
जन भारत हे, जाग्रत् भारत हे!
जाति, वर्ण, मत, वर्ग-श्रेणि शत,
नीति-रीति गत हे!
मानवता में सकल समागत
जन-मन परिणत हे!
अहिंसास्त्र जन का मनुजोचित,
चिर अप्रतिहित हे!
बल के विमुख, सत्य के सन्मुख,
हम श्रद्धारत हे!
जन भारत हे, जाग्रत् भारत हे!
किरण-केलिरत रक्त विजय ध्वज
युग प्रभातवत् हे!
कीर्ति स्तंभवत् उन्नत मस्तक,
प्रहरी हिमवत हे!
पदतल छू शत फेनिलोर्मि फन,
शेषोदधि नत हे!
वर्गमुक्त हम श्रमिक कृषक जन,
चिर शरणागत हे!
जन भारत हे, जाग्रत् भारत हे!

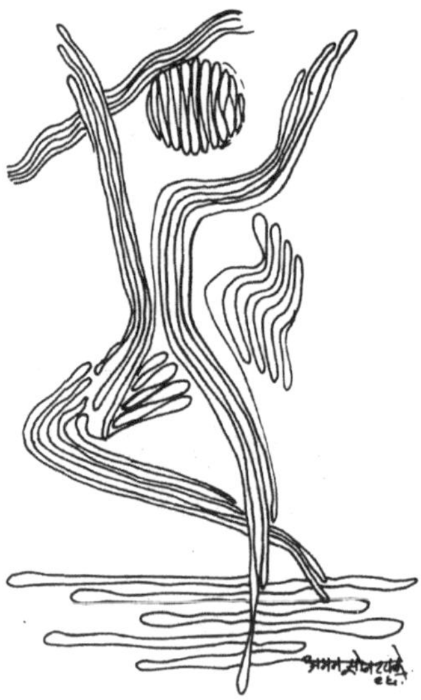

***

हिमालय के आँगन में

- जयशंकर प्रसाद

हिमालय के आँगन में उन प्रथम किरणों का दे उपहार,
उषा ने हँस अभिनंदन किया और पहनाया हीरक हार।
जगे हम, लगे जगाने विश्व, लोक में फैला फिर आलोक,
व्योम तम-पुंज हुआ तब नष्ट, अखिल संसृति हो उठी अशोक।

विमल वाणी ने वीणा ली, कमल-कोमल कर में सप्रीति,
सप्त स्वर सप्तसिंधु में उठे, छिड़ा तब मधुर साम-संगीत।
बचाकर बीज-रूप से सृष्टि, नाव पर झेल प्रलय की शीत,
अरुण केतन लेकर निज हाथ, वरुण पथ में हम बढ़े अभीत।

सुना है वह दधीच का त्याग, हमारा जातीयता विकास,
पुरंदर ने पवि से है लिखा, अस्थि-युग का मेरा इतिहास।
सिंधु-सा विस्तृत और अथाह, एक निर्वासित का उत्साह,
दे रही अभी दिखाई भग्न, मग्न रत्नाकर में वह राह।

धर्म का ले-लेकर जो नाम, हुआ करती बलि कर दी बंद,
हमी ने दिया शांति संदेश, सुखी होते देकर आनंद।
विजय केवल लोहे की नहीं, धर्म की रही धरा पर धूम,
भिक्षु होकर रहते सम्राट्, दया दिखलाते घर-घर घूम।

यवन को दिया दया का दान, चीन को मिली धर्म की दृष्टि,
मिला था स्वर्णभूमि को रत्न, शील की सिंहल को भी सृष्टि।

किसी का हमने छीना नहीं, प्रकृति का रहा पालना यहीं,
हमारी जन्मभूमि थी यहाँ, कहीं से हम आए थे नहीं।

जातियों का उत्थान-पतन, आँधियाँ झड़ी प्रचंड समीर,
खड़े देखा झेला हँसते, प्रलय में पले हुए हम वीर।
चरित थे पूत भुजा में शक्ति, नम्रता रही सदा संपन्न,
हृदय के गौरव में था गर्व, किसी को देख सके न विपन्न।

हमारे संचय में था दान, अतिथि थे सदा हमारे देव,
वचन में सत्य, हृदय में तेज, प्रतिज्ञा में रहती थी टेव।
वही है रक्त, वही है देश, वही साहस है, वैसा ज्ञान,
वही है शांति, वही है शक्ति, वही हम दिव्य आर्य संतान।

जिएँ तो सदा उसी के लिए, यही अभिमान रहे यह हर्ष,
निछावर कर दें हम सर्वस्व, हमारा प्यारा भारतवर्ष।।

***

अरुण यह मधुमय देश हमारा

-जयशंकर प्रसाद

अरुण यह मधुमय देश हमारा,
जहाँ पहुँच अनजान क्षितिज को मिलता एक सहारा।
सरस तामरस गर्भ विभा पर, नाच रही तरु शिखा मनोहर,
छिटका जीवन हरियाली पर मंगल कुंकुम सारा॥

लघु सुरधनु से पंख पसारे, शीतल मलय-समीर सहारे,
उड़ते खग जिस ओर मुँह किए, समझ नीड़ निज प्यारे।
बरसाती आँखों के बादल, बनते जहाँ भरे करुणा
जल, लहरें टकराती अनंत की, पाकर जहाँ किनारा ॥

हेम-कुंभ ले उषा सवेरे, भरती ढुलकाती सुख मेरे,
मंदिर ऊँघते रहते जब, जग कर रजनी भर तारा।
अरुण यह मधुमय देश हमारा ॥

***

हिमाद्रि तुंग शृंग से

-जयशंकर प्रसाद

हिमाद्रि तुंग शृंग से
प्रबुद्ध शुद्ध भारती
स्वयं प्रभा समुज्ज्वला
स्वतंत्रता पुकारती'
'अमर्त्य वीर पुत्र हो, दृढ़-प्रतिज्ञ सोच लो,
प्रशस्त पुण्य पंथ है, बढ़े चलो, बढ़े चलो।'

असंख्य कीर्ति-रश्मियाँ,
विकीर्ण दिव्य दाह-सी,
सपूत मातृभूमि केरुको न शूर साहसी!
अराति सैन्य सिंधु में, सुवाड़वाग्नि-से जलो,
प्रवीर हो जयी बनो-बढ़े चलो, बढ़े चलो!

***

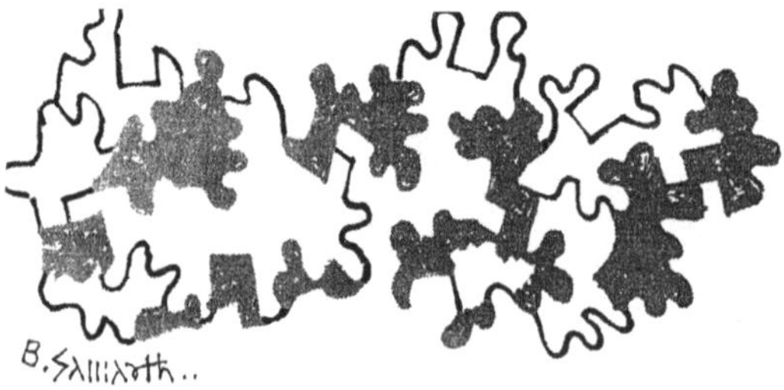

उनको प्रणाम

-नागार्जुन

जो नहीं हो सके पूर्ण काम
मैं उनको करता हूँ प्रणाम!
कुछ कुंठित औ कुछ लक्ष्य भ्रष्ट, जिनके अभिमंत्रित तीर हुए।
रण की समाप्ति के पहले ही जो वीर रिक्त तूणीर हुए।
उनको प्रणाम!

जो छोटी-सी नैया लेकर, उतरे करने को उदधि पार,
मन की मन में ही रही, स्वयं हो गए उसी में निराकार,
उनको प्रणाम!

जो उच्च शिखर की ओर बढ़े, रह रह नव नव उत्साह भरे,
पर कुछ ने ले ली हिम समाधि, कुछ असफल ही नीचे उतरे,
उनको प्रणाम!

एकाकी और अकिंचन हो, जो भू-परिक्रमा को निकले,
हो गए पंगु प्रतिपद इतने,
उनको प्रणाम!

कृतकृत्य नहीं जो हो पाए प्रत्युत फांसी पर गए झूल,
कुछ ही दिन बीते हैं फिर भी यह दुनिया जिनको गई भूल,
उनको प्रणाम!

थी उग्र साधना, पर जिनका जीवन नाटक दु:खांत हुआ,
था जन्म काल में सिंह लग्न, पर कुसमय ही देहांत हुआ,
उनको प्रणाम!

दृढ़ व्रत औ दुर्दम साहस के जो उदाहरण थे मूर्तिमंत,
पर निरवधिबंदी जीवन ने जिनकी धुन का कर दिया अंत,
उनको प्रणाम!

जिनकी सेवाएं अतुलनीय पर विज्ञापन से रहे दूर,
प्रतिकूल परिस्थिति ने जिनके कर दिये मनोरथ चूर-चूर।।
उनको प्रणाम!

(जीवन में सब पूर्ण काम नहीं हो पाते। बहुत से लोग आधी-अधूरी इच्छाओं को लिए ही संसार से विदा हो जाते हैं, अपने स्वप्नों को साकार देखने के पहले ही गत हो जाते हैं, या प्रयास करने पर भी जिनके सपने साकार नहीं होते। कवि ऐसे सब लोगों को प्रणाम करता है।)

***

जय भारत जननी

-नागार्जुन

जय जय जय जय भारत जननी,
शत सहस्र संस्कृति-संगमनी। जय जय जय जय...
शतश्रुति, शतगंधा शतरूपा, शत रस ओ शत परस अनूपा!
शत शत शत शत दल संचारिणि, विंध्य हिमाचल शिखर विहारिणि,
शत शत शस्य सुशोभित धरणी, खनिज भरित, त्रिभुवन मनहरणी!
जय जय जय जय...

(भारत महिमा का आख्यान)

***

जन गण मन अधिनायक

-रवीन्द्रनाथ टैगोर

जन गण मन अधिनायक जय हे भारत-भाग्य-विधाता।
पंजाब सिंधु गुजरात मराठा द्राविड़-उत्कल-बंग
विंध्य हिमाचल यमुना गंगा उच्छल जलधि तरंग
तव शुभ नामे जागे, तव शुभ आशिष मांगे,
गाये तब जय गाथा।

जन गण-मंगलदायक जय हे, भारत-भाग्य-विधाता।
जय हे, जय हे, जय हे, जय जय जय जय हे।।
अहरह तव आह्वान-प्रचारित, सुनि तव उदार वाणी
हिन्दू, बौद्ध, सिख, जैन, पारसिक, मुसलमान, खस्तानी
पूरब पश्चिम आसे, तव सिंहासन-पासे,
प्रेमहार हय गाथा।

जन गण-ऐक्य विधायक जय हे, भारत-भाग्य-विधाता।
जय हे, जय हे, जय हे, जय जय जय जय हे ॥
पतन-अभ्युदय बंधुल पन्था, जुग-जुग धावित यात्री,
हे चिर सारथि, तव रथचक्रे मुखरित पथ दिन-रात्री।
दारुण विप्लव माझे, तब शंखध्वनि बाजे,
संकट-दुःखवाता।

जन गण पथ परिचायक जय हे भारत-भाग्य-विधाता।
जय हे, जय हे, जय हे, जय जय जय जय हे।।
घोर तिमिरघन निविड़ निशीथे पीड़ित मूर्च्छित देशे।
जाग्रत छिल तव अविचल मंगल नतनयने अनिमेषे।
दू:स्वप्ने आतं के, रक्षा करिले अंके,
स्नेहमयी तुमि माता।

जनगण दुःखवायक जय हे भारत-भाग्य-विधाता।
जय हे, जय हे, जय हे, जय जय जय जय हे।।
रात्रिप्रभानिल, उदित रविच्छवि पूर्व-उदयगिरि भाले,
गाहे विहंगम, पुण्य समीरण नवजीवन रस ढाले।
तव करुणारुण-रागे, निद्रित भारत जागे,
तव चरणे नत माथा।

जय जय जय है, जय राजेश्वर, भारत-भाग्य विधाता।
जय हे, जय हे, जय हे, जय जय जय जय हे ।।

***

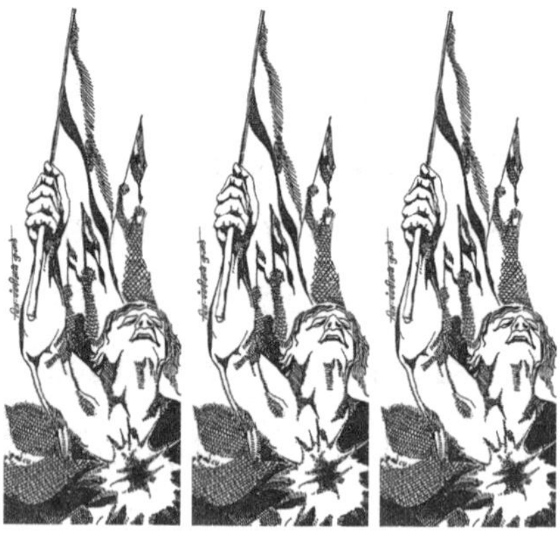

हम तो कवि हैं, इतिहास बदलने वाले हैं

-गोपाल सिंह नेपाल

हम धरती क्या आकाश बदलने वाले हैं
हम तो कवि हैं, इतिहास बदलने वाले हैं

हर क्रांति कलम से शुरू हुई, सम्पूर्ण हुई
चट्टान जुल्म की, कलम चली तो पूर्ण हुई
हम कलम चलाकर त्रास बदलने वाले हैं
हम तो कवि हैं, इतिहास बदलने वाले हैं

जब-जब जनता पर दुःख की बदली छाई हैं
तब-तब हमने विप्लव-बिजली चमकाई है
मानवता का परिहास बदलने वाले हैं
हम तो कवि हैं, इतिहास बदलने वाले हैं

पहले हमने गुण राम-कृष्ण का गाया था
विरही मन का बादल को दूत बनाया था
अब कुटियों का चौमास बदलने वाले हैं
हम तो कवि हैं, इतिहास बदलने वाले हैं

तलवार हमारी है निर्भय आजाद कलम
हम लड़ते आए जोर-जुल्म से जनम-जनम
हम निर्बल का संन्यास बदलने वाले हैं
हम तो कवि हैं, इतिहास बदलने वाले हैं

जो फूट निरन्तर खून देश का पीती है
उसको पीकर कविता को स्याहाँ जीती है
हम हर दुश्मन की प्यास बदलने वाले हैं
हम तो कवि हैं, इतिहास बदलने वाले हैं

पन्द्रह अगस्त से दिन की जिसकी नींव पड़ी
उस प्रजातंत्र की रखवारी में कलम खड़ी
ना मानो तो विश्वास बदलने वाले हैं
हम तो कवि हैं, इतिहास बदलने वाले हैं

आओ महल, कुटी की ओर मचल जा घूमकर
ओ कुटी महल की ओर उछल जा झूमकर
हम धरती का विन्यास बदलने वाले हैं
हम तो कवि हैं, इतिहास बदलने वाले हैं

***

अमर रहे स्वातन्त्र्य

-नर्मदा प्रसाद खरे

अमर रहे, स्वातन्त्र्य हमारा!
युग-युग मुक्त गगन में लहरे,
विजयी विश्व तिरंगा प्यारा!

महक रही धरती खुशबू से,
इन्द्र-धनुष अम्बर में फले।
मन-प्राणों में नयी उमंगें,
नयन-नयन में सपने झूलें।
ज्योतिर्मय सुख की किरणों ने,
काट दिया दुख का अंधियारा!
अमर रहे, स्वातन्त्र्य हमारा!

सिर से कफन बांध जो निकले,
सीने पर हंस गोली खायी।
देश-प्रेम का प्याला पीकर,
झूम-झूम ज्वाला भड़कायी।
पुण्य-पर्व पर उन्हें न भूलें,
जिनने दुश्मन को ललकारा!
अमर रहे, स्वातन्त्र्य हमारा!

आजादी की खातिर जिनने,
बलिवेदी पर प्राण चढ़ाए।
पग-पग संघर्षों से जूझे,
अंगारों पर कदम बढ़ाए!
श्रद्धा-सुमन समर्पित उनको,
जिनने अपना सब-कुछ वारा
अमर रहे, स्वातन्त्र्य हमारा!

वे अब भी अज्ञात कि जिनने
केवल तिल-तिल मिटना जाना।
टूट गए, पर झुके न तिल-भर,
सदा देश को सब-कुछ माना।
उनकी याद हरी हो आयी,
उमड़ पड़ी आँसू की धारा!
अमर रहे, स्वातन्त्र्य हमारा !

अमर शहीदों की समाधियाँ,
बलिदानी गाथाएं गातीं।
चिर उपेक्षिता भले रही हों
फिर भी फूली नहीं समातीं।
गीले नयन नमन उन सबको;
जिनने मिटकर देश सवारा!
अमर रहे, स्वातन्त्र्य हमारा!

***

नमामि मातु भारती

-गोपाल प्रसाद व्यास

हिमाद्रि तुंग शृंगिनी त्रिरंग-रंग रंगिनी
नमामि मातु भारती सहस्र दीप आरती!

समुद्र पाद पल्लवे विराट् विश्व वल्लभे
प्रबुद्ध बुद्ध की धरा प्रणम्य है वसुंधरा!

स्वराज्य स्वावलंबिनी सदैव सत्यसंगिनी
अजेय, श्रेय-मंडिता समाज-शास्त्र पंडिता!

अशोक चक्र-संयुते समुज्ज्वले समुन्नते
मनोज्ञ मुक्ति-मंत्रिणी विशाल लोक-तंत्रिणी!

अपार शस्य-संपदे अजस्र श्री पदै-पदै
शुभंकरे प्रियंवदे दया-क्षमा वशंवदे!

मनस्विनी तपस्विनी रणस्थली यशस्विनी
कराल काल-कालिका प्रचंड मुंड-मालिका!

अमोघ शक्ति धारिणी कराल कष्ट वारिणी
अदैन्य मंत्र दायिका नमामि राष्ट्र नायिका!

***

ऐ मेरे वतन के लोगो !

-कवि प्रदीप

ऐ मेरे वतन के लोगो! तुम खूब लगा लो नारा,
ये शुभ दिन है हम सबका, लहरा लो तिरंगा प्यारा।
पर मत भूलो सीमा पर, वीरों ने हैं प्राण गंवाये,
कुछ याद उन्हें भी कर लो, जो लौट के घर ना आये।
ऐ मेरे वतन के लोगो! ज़रा आँख में भर लो पानी,
जो शहीद हुये हैं उनकी, जरा याद करो कुरबानी।

जब घायल हुआ हिमालय, खतरे में पड़ी आज़ादी,
जब तक थी साँस लड़े वो, फिर अपनी लाश बिछा दी।
तुम भूल न जाओ उनको, इसलिये सुनो ये कहानी,
हो गये वतन पे न्योछावर, वो वीर थे कितने गुमानी।
जो शहीद हुये हैं उनकी, जरा याद करो कुरबानी।

जब देश में थी दीवाली, वो खेल रहे थे होली,
जब हम बैठे थे घरों में, वो झेल रहे थे गोली।
थे धन्य जवान वो अपने, थी धन्य वो उनकी जवानी।
जो शहीद हुये हैं उनकी, जरा याद करो कुरबानी।
शेरों की तरह झपटे थे, भारत के बहादुर बेटे,
इस मुल्क की लाज बचाने, मर गये बर्फ में लेटे।
संगीन पे धर कर माथा, सो गये वीर बलिदानी।
जो शहीद हुये हैं उनकी, ज़रा याद करो कुरबानी।

कोई सिख, कोई जाट, मराठा, कोई गोरखा कोई मद्रासी,
सरहद पर मरने वाला, हर वीर था भारतवासी,
जो खून गिरा पर्वत पर, वो खून था हिन्दुस्तानी।
जो शहीद हुये हैं उनकी, जरा याद करो कुरबानी।

थी खून से लथपथ काया, फिर भी बन्दूक उठाके,
दस-दस को एक ने मारा, फिर गिर गये होश गवाके,
जब अन्त समय आया तो, कह गये कि हम मरते हैं,
खुश रहना देश के प्यारो, अब हम तो सफर करते हैं।
क्या लोग थे वो दीवाने, क्या लोग थे वे अभिमानी।
जो शहीद हुये हैं उनकी, जरा याद करो कुरबानी।

***

आओ बच्चों, तुम्हें दिखायें

-रामचन्द्र द्विवेदी 'प्रदीप'

कोरस : आओ बच्चों, तुम्हें दिखायें झाँकी हिंदुस्तान की
इस मिट्टी से तिलक करो, यह धरती है बलिदान की

उत्तर में रखवाली करता पर्वतराज विराट है
दक्षिण में चरणों को धोता सागर का सम्राट है।
जमुना जी के तट को देखो गंगा का ये घाट है
बाट-बाट पे हाट-हाट में यहाँ निराला ठाट है।

देखो, ये तस्वीरें अपने गौरव की अभिमान की,
इस मिट्टी से तिलक करो, ये धरती है बलिदान की

ये है अपना राजपुताना नाज इसे तलवारों पे
इसने सारा जीवन काटा बरछी-तीर-कटारों पे
ये प्रताप का वतन पला है आजादी के नारों पे
कूद पड़ी थी यहां हजारों पद्मिनियां अंगारों पे
बोल रही है कण कण से कुरबानी राजस्थान की
इस मिट्टी से तिलक करो, ये धरती है बलिदान की

देखो, मुल्क मराठों का ये यहां शिवाजी डोला था
मुगलों की ताकत को जिसने तलवारों पे तोला था

हर पर्वत पे आग लगी थी हर पत्थर एक शोला था
बोली "हर हर महादेव" की बच्चा बच्चा बोला था
यहीं शिवाज़ी ने रखी थी लाज हमारी शान की
इस मिट्टी से तिलक करो, ये धरती है बलिदान की

जलियाँ वाला बाग ये देखो यहीं चली थी गोलियाँ
ये मत पूछो किसने खेली यहां खून की होलियाँ
एक तरफ बंदुकें दन-दन, एक तरफ थी टोलियाँ
मरनेवाले बोल रहे थे इन्कलाब की बोलियाँ
यहाँ लगा दी बहनों ने भी बाजी अपनी जान की
इस मिट्टी से तिलक करो, ये धरती है बलिदान की

ये देखो बंगाल यहां का हर चप्पा हरियाला है
यहां का बच्चा बच्चा अपने देश पे मरनेवाला है।
ढाला है इसको बिजली ने भूचालों ने पाला है
मुट्ठी में तूफान बंधा है और प्राणों में ज्वाला है
जन्मभूमि है यही हमारे वीर सुभाष महान की
इस मिट्टी से तिलक करो, ये धरती है बलिदान की

***

हम लाये हैं तूफान से किश्ती निकाल के...

- रामचन्द्र द्विवेदी 'कवि प्रदीप'

पांसे सभी उलट गये दुश्मन की चाल के
अक्षर सभी पलट गये भारत के भाल के
मंजिल पे आया मुल्क हर बला को टाल के
सदियों के बाद फिर उड़े बादल गुलाल के

हम लाये हैं तूफान से किश्ती निकाल के
इस देश को रखना मेरे बच्चों संभाल के

देखो कहीं बरबाद न होवे ये बगीचा
इसको हृदय के खून से बापू ने है सींचा
रखा है ये चिराग शहीदों ने बाल के
इस देश को रखना मेरे बच्चों, संभाल के

दुनिया के दावपेंच से रखना न वास्ता
मंजिल तुम्हारी दूर है लंबा है रास्ता
भटका न दे कोई तुम्हें धोके में डाल के
इस देश को रखना मेरे बच्चों, संभाल के

एटम बमों के जोर पे ऐंठी है ये दुनिया
बारूद के एक ढेर पे बैठी है ये दुनिया

तुम हर कदम उठाना जरा देख भाल के
इस देश को रखना मेरे बच्चों, संभाल के

आराम की तुम भुलभुलैया में न भूलो
सपनों के हिंडोलों पे मगन हो के न झूलों
अब वक्त आ गया मेरे हँसते हुए फूलों,
उठो, छलाँग मार के आकाश को छू लो

तुम गाड़ दो गगन में तिरंगा उछाल के
इस देश को रखना मेरे बच्चों, संभाल के

***

यही पैगाम हमारा...

- रामचन्द्र द्विवेदी 'कवि प्रदीप'

इंसान का इंसान से हो भाईचारा।
यही पैगाम हमारा

नये जगत में हुआ पुराना ऊँच नीच का किस्सा
सबको मिले मेहनत के मुताबिक अपना अपना हिस्सा
सब में बराबर प्यार का होवें बँटवारा।
यही पैगाम हमारा

हर एक महल से कहो कि वे खुशियों के दिये जलायें।
छोटे और बड़ों में अब कोई फर्क नहीं रह पाये।
इस धरती पर हो प्यार का घर-घर उजियारा
यही पैगाम हमारा

***

तहजीब की पहली सुबह

-रघुपति सहाय फ़िराक़

तहजीब की पहली सुबह की पाक दुआएँ,
गूंजी हुई हैं फजाँ में ऋषियों की सदाएँ।
ऐ गंगो-जमुन की गुनगुनाती लहरों!
देती हैं सुनाई तुममें वेदों की ऋचाएँ।

वह तेरे मुफक्किरों का कल्बे-हुशियार,
पलकों में जिनकी बंद रूह-बेदार।
वह जैन और बौद्ध मत की गायर-नजरी,
इनकार को कर देता है रश्के-इकरार॥

कौमियतें बीसों ही मगर एक मिजाज,
नस्लें हैं पचीसों ही मगर एक समाज।
है वसअते-कल्ब जर्रे-जर्रे में तेरे,
यानी तेरी खाक हर तअस्सुब का इलाज॥

वह देख नई सुबह की पौ फूटती है,
वह देख कि नब्जे-शबे-गम छूटती है।
वह देख बिखरते चले अश्के-अंजुम,
वह देख कि जंजीरे-फलक टूटती है।

पत्थर जो राह में हैं हट जाएँगे,
संगीन जिगर कोह के फट जाएँगे।
तेशे वह कई करोर हाथों ने उठाए,
अब पाप जनम-जनम के कट जाएँगे।

***

विजयी विश्व तिरंगा प्यारा

- श्यामलाल गुप्त 'पार्षद'

विजयी विश्व तिरंगा प्यारा, झंडा ऊँचा रहे हमारा।
सदा शक्ति बरसानेवाला, वीरों को हरषानेवाला।
प्रेम-सुधा सरसानेवाला, मातृभूमि का तन-मन सारा।
झंडा ऊँचा रहे हमारा॥

स्वतंत्रता के भीषण रन में, लखकर बढ़े जोश छन-छन में।
काँपे शत्रु देखकर मन में, मिट जावे भय संकट सारा।
झंडा ऊँचा रहे हमारा॥

इस झंडे के नीचे निर्भय, से स्वराज्य हम अविचल, निश्चय।
बोला भारत माता की जय, स्वतंत्रता है ध्येय हमारा।
झंडा ऊँचा रहे हमारा॥

आओ प्यारे वीरो आओ, देश-धर्म पर बलि-बलि जाओ।
एक साथ सब मिलकर गाओ, प्यारा देश हमारा।
झंडा ऊँचा रहे हमारा॥

इसकी शान न जाने पाए, चाहे जान भले ही जाए।
विश्व-विजय करके दिखलाएँ, तब होवे प्रण पूर्ण हमारा।
झंडा ऊँचा रहे हमारा॥

***

सरफरोशी की तमन्ना अब हमारे दिल में है

-रामप्रसाद 'बिस्मिल'

सरफरोशी की तमन्ना अब हमारे दिल में है,
देखना है जोर कितना बाजू-ए-कातिल में है!

ऐ वतन, करता नहीं क्यूँ दूसरी कुछ बातचीत
देखता हूँ मैं जिसे वो चुप तेरी महफिल में है,
ऐ शहीद-ए-मुल्क-ओ-मिल्लत, मैं तेरे ऊपर निसार
अब तेरी हिम्मत का चरचा गैर की महफिल में है,
सरफरोशी की तमन्ना अब हमारे दिल में है।

वक्त आने पर बता देंगे तुझे ए आसमान
हम अभी से क्या बताएँ क्या हमारे दिल में है,
खींचकर लाई है सबको कत्ल होने की उमीद
आशिकों का आज जमघट कूचा-ए-कातिल में है,
सरफरोशी की तमन्ना अब हमारे दिल में है।

है लिए हथियार दुश्मन ताक में बैठा उधर
और हम तैयार हैं सीना लिये अपना इधर,
खून से खेलेंगे होली अगर वतन मुश्किल में है
सरफरोशी की तमन्ना अब हमारे दिल में है।

हाथ, जिन में है जुनून, कटते नहीं तलवार से
सर जो उठ जाते हैं वो झुकते नहीं ललकार से,
और भड़केगा जो शोला सा हमारे दिल में है
सरफरोशी की तमन्ना अब हमारे दिल में है।

हम तो घर से ही थे निकले बाँधकर सर पर कफन
जाँ हथेली पर लिये लो बढ़ चले हैं ये कदम,
जिंदगी तो अपनी मेहमाँ मौत की महफिल में है
सरफरोशी की तमन्ना अब हमारे दिल में है।

यूँ खड़ा मक्तल में कातिल कह रहा है बार-बार
क्या तमन्ना-ए-शहादत भी किसी के दिल में है?
दिल में तूफानों की टोली और नसों में इनकलाब
होश दुश्मन के उड़ा देंगे हमें रोको न आज,
दूर रह पाए जो हमसे दम कहाँ मंजिल में है
सरफरोशी की तमन्ना अब हमारे दिल में है।

वो जिस्म भी क्या जिस्म है जिसमें न हो खून-ए-जुनून
क्या लड़े तूफान से जो कश्ती-ए-साहिल में है,
सरफरोशी की तमन्ना अब हमारे दिल में है
देखना है जोर कितना बाजू-ए-कातिल में है।

***

न चाहूं मान

-रामप्रसाद बिस्मिल

न चाहूं मान दुनिया में, न चाहूं स्वर्ग को जाना।
मुझे वर दे यही माता रहूं भारत पे दीवाना।
करूं मैं कौम की सेवा पड़े चाहे करोड़ों दुख।
अगर फिर जन्म लूं आकर तो भारत में ही हो आना।
लगा रहे प्रेम हिन्दी में, पढ़ू हिन्दी लिखू हिन्दी।
चलन हिन्दी चलूं, हिन्दी पहरना, ओढ़ना खाना।
भवन में रोशनी मेरे रहे हिन्दी चिरागों की।
स्वदेशी ही रहे बाजा, बजाना, राग का गाना।
लगें इस देश के ही अर्थ मेरे धर्म, विद्या, धन।
करूं में प्राण तक अर्पण यही प्रण सत्य है ठाना।
नहीं कुछ गैर-मुमकिन है जो चाहो दिल से "बिस्मिल" तुम।
उठा लो देश हाथों पर न समझो अपना बेगाना।।

***

अठारह सौ सत्तावन

-देवराज दिनेश

प्रबल अठारह सौ सत्तावन तेरी अमिट कहानी,
डुबा रक्त में खड्ग लिख गए हैं अनेक सेनानी।

महाक्रांति का शंख बजाते, तुम इस भू पर आए,
बलिदानों की परंपरा ने नव-उदाहरण पाए।
हमने चाहा तोड़ गिरा दें, कारा की दीवारें–
भूतल, अंबर काँप रहे थे सुन भैरव हुंकारें,
आजादी पाने को मचली थी उन्मत्त जवानी।

मेहँदी लगे सुकोमल हाथों ने तलवार उठाई,
लगता था जैसे रणचंडी ने ली हो अँगड़ाई।
चढ़ घोड़े पर और हाथ में लेकर खड्ग दुधारा–
तेरी वीर नारियों ने था दुश्मन को ललकारा,
स्वतंत्रता की लौ पर मर मिटने को थी दीवानी।

कहीं अजीजन और कहीं वह सब्जपोश मतवाली,
जनता के तममय अंतर में भरती थी उजियाली।
हजरत, जीनत महल की दीवारों से बाहर–
आकर भर हुंकार मनुज को करती थीं नर-नाहर,
जीवन के सागर में आई थीं लहरें तूफानी।

जफर बहादुरशाह, बख्त खाँ, तुलाराम भटमानी,
एक-एक कर जूझे रण में कई वीर सेनानी।
अहमदशाह, अजीमुल्ला-से देशभक्त दीवाने–
नाना साहब, तात्या जैसे रणबाँकुरे सयाने,
देकर प्राण देश की खातिर मिटे कई बलिदानी।

बना अठारह सौ अट्ठावन फिर तेरा अनुयायी,
उसने भी तब शत्रु-रक्त से जी भर प्यास बुझाई।
बाँध कफन सिर पर रण में आया फिर वह सेनानी–
जिसकी वृद्धावस्था के सम्मुख थी हेय जवानी,
नाम कुँवरसिंह औ' रग-रग में भरी हुई कुरबानी।

अपनी जख्मी बाँह दूसरे कर से काट गिराई,
गंगा की पावन धारा को पहली भेंट चढ़ाई।
क्षुब्ध केहरी शत्रु-रक्त से होली खेल रहा था–
स्रष्टा के मन में भी नूतन भाव उड़ेल रहा था,
उसका विक्रम विधि-अंतर में भरता था हैरानी।
लक्ष्मीबाई बनकर रण में स्वयं वीरता आई,
रौद्र रूप लख उसका, शिव ने भी दी उसे बधाई।
'हर-हर महादेव' कहकर उसने जब तलवार घुमाई
त्राहि-त्राहि मच गई, शत्रु-सेना रण में अकुलाई,
लगता था दानव-दल पर झपटी हों स्वयं भवानी।

स्वतंत्रता का पथ तुमने ही पहली बार बुहारा,
परवशता से मौत भली है, यह कहकर ललकारा।
देवासुर संग्राम मच गया इस धरती के ऊपर–

तुम न रहे, पर चिह्न तुम्हारे सदा रहेंगे भू पर,
उन पर चलकर ही स्वतंत्रता की, हमने की अगवानी।

है स्वतंत्र भारत तुम पर श्रद्धा के पुष्प चढ़ाता,
तेरे वीर सपूतों के गुण विविध स्वरों में गाता।
प्रबल अठारह सौ सत्तावन तुम थे वह बलिदानी–
स्वतंत्रता की खातिर तुमने दी अद्भुत कुरबानी,
रक्त बहाया ऐसे जैसे बहे नदी का पानी।

***

मैं उनके गीत गाता हूँ

-जाँ निसार अख्तर

मैं उनके गीत गाता हूँ, मैं उनके गीत गाता हूँ।
जो शाने पर बगावत का अलम लेकर निकलते हैं,
किसी जालिम हुकूमत के धड़कते दिल पे चलते हैं,
मैं उनके गीत गाता हूँ, मैं उनके गीत गाता हूँ।

जो रख देते हैं सीना गरम तोपों के दहानों पर,
नजर से जिनकी बिजली कौंधती है आसमानों पर,
मैं उनके गीत गाता हूँ, मैं उनके गीत गाता हूँ।

जो आजादी की देवी को लहू की भेंट देते हैं,
सदाकत के लिए जो हाथ में तलवार लेते हैं,
मैं उनके गीत गाता हूँ, मैं उनके गीत गाता हूँ।

जो परदे चाक करते हैं हुकूमत की सियासत के,
जो दुश्मन हैं कदामत के, जो हामी हैं बगावत के,
मैं उनके गीत गाता हूँ, मैं उनके गीत गाता हूँ।

भरे मजमे में करते हैं जो शोरिशखेज तकरीरें,
वो जिनका हाथ उठता है तो उठ जाती हैं शमशीरें,
मैं उनके गीत गाता हूँ, मैं उनके गीत गाता हूँ।

वो मुफलिस जिनकी आँखों में है परतौ कहरे-यज़दाँ का,
नजर से जिनकी चेहरा ज़र्द पड़ जाता है सुल्ताँ का,
मैं उनके गीत गाता हूँ, मैं उनके गीत गाता हूँ।

वो दहकाँ जिनके खिरमन में हैं पिन्हाँ बिजलियाँ अपनी
लहू से जालिमों के सींचते हैं खेतियाँ अपनी
मैं उनके गीत गाता हूँ, मैं उनके गीत गाता हूँ

वो मिहनतकश जो अपनी बाहुओं पर नाज करते हैं,
वो जिनकी कौमों से देव इस्तिनदाद डरते हैं,
मैं उनके गीत गाता हूँ, मैं उनके गीत गाता हूँ।

कुचल सकते हैं जो मजदूर जर के आस्तानों को,
जो जलकर आग दे देते हैं जंगी कारखानों को,
मैं उनके गीत गाता हूँ, मैं उनके गीत गाता हूँ।

झुलस सकते हैं जो शोलों से कुफ़ो-दी की बस्ती को,
जो लानत जानते हैं मुल्क में फिरकापरस्ती को,
मैं उनके गीत गाता हूँ, मैं उनके गीत गाता हूँ।

वतन के नौजवानों में नए जज्बे जगाऊँगा।
मैं उनके गीत गाऊँगा, मैं उनके गीत गाऊँगा॥

***

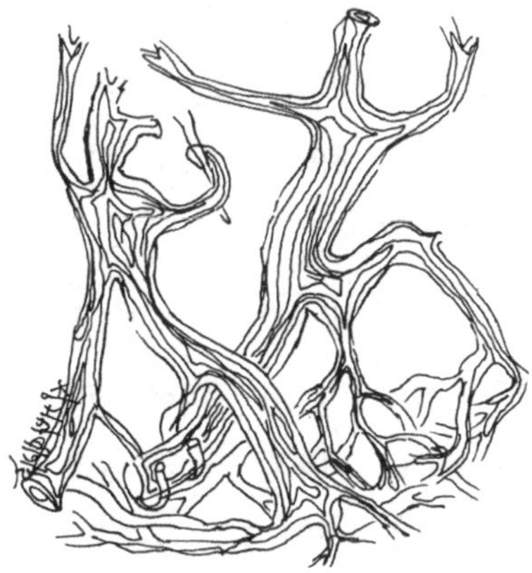

सलाम सौ-सौ उन्हें हमारा

-कृष्ण 'इनकलाबी'

चढ़े जो दारो रसन पै हँसकर,
हुए जो कुरबाँ वतन पै हँसकर।
जिन्होंने लाखों ही जख्म खाए,
वतन की खातिर बदन पै हँसकर ॥
सलाम सौ-सौ उन्हें हमारा-सलाम सौ-सौ उन्हें हमारा॥

खुशी-खुशी जो कजा से खेले,
गमों की काली घटा से खेले।
वतन की खातिर जो वीर अपने,
कदम-कदम पर 'खुदा' से खेले ॥
सलाम सौ-सौ उन्हें हमारा-सलाम सौ-सौ उन्हें हमारा॥

वतन की इज्जत बढ़ा गए जो,
अदू को नीचा दिखा गए जो।
डुबो के अपना हँसी सफीना,
हमारी कश्ती बचा गए जो॥
सलाम सौ-सौ उन्हें हमारा-सलाम सौ-सौ उन्हें हमारा ॥

जो खाको-खू में बदल गए हैं,
जो मोम बनकर पिघल गए हैं।
वतन के तारीक रास्तों पर,

चिराग बनकर जो जल गए हैं।
सलाम सौ-सौ उन्हें हमारा-सलाम सौ-सौ उन्हें हमारा॥

वो जिनका गुलशन खिला नहीं है,
जहाँ में जिनकी जिला नहीं है।
मजार जिनके बने नहीं हैं,
कफन भी जिनको मिला नहीं है।
सलाम सौ-सौ उन्हें हमारा-सलाम सौ-सौ उन्हें हमारा ॥

जो छंब जोड़ों में दनदनाए,
जबाँ से निकली न जिनकी हाय।
लहू गिरा जिनका सरहदों पर,
जो पीर दर्रे से फिर न आए।
सलाम सौ-सौ उन्हें हमारा-सलाम सौ-सौ उन्हें हमारा॥

***

बढ़े चलो

-पद्मकांत मालवीय

चले चलो, बढ़े चलो, बढ़े चलो, चले चलो।
प्रचंड सूर्य-ताप से, न तुम जलो, न तुम गलो॥

हृदय से तुम निकाल दो अगर हो पस्त हिम्मती,
नहीं है खेल मात्र ये, ये जिंदगी है जिंदगी।
न रक्त है, न स्वेद है, न हर्ष है, न खेद है,
ये जिंदगी अभेद है, यही तो एक भेद है।
समझ के सब चले चलो, कदम-कदम बढ़े चलो॥

पहाड़ से चली नदी, रुकी नहीं कहीं जरा,
गई जिधर उधर किया जमीन को हरा-भरा।
चली समान रूप से, जमीन का न ख्याल कर,
मगन रही निनाद में, जमीन पर, पहाड़ पर।
उसी तरह चले चलो, उसी तरह बढ़े चलो।

जलाओ दिल के दाग से बुझे दिलों के दीप को,
जो दूर हैं उन्हें भी खींच लो जरा समीप को।
सहो जमीन की तरह, डरो न आसमान से,
जलो तो आन-बान से, बुझो तो एक शान से।
अखंड 'दीप' से जलो, सदाबहार-से खिलो॥

बिना पिए रहे नशा, न चढ़के वो उतर सके,
जुनून वह सवार हो कि जो न उम्र भर सके।
वो काम तुम करो यहाँ, जो दूसरा न कर सके,
कोई तुम्हारी शान से, न जी सके, न मर सके।
समीर-से चले चलो, समीर-से बहे चलो।

***

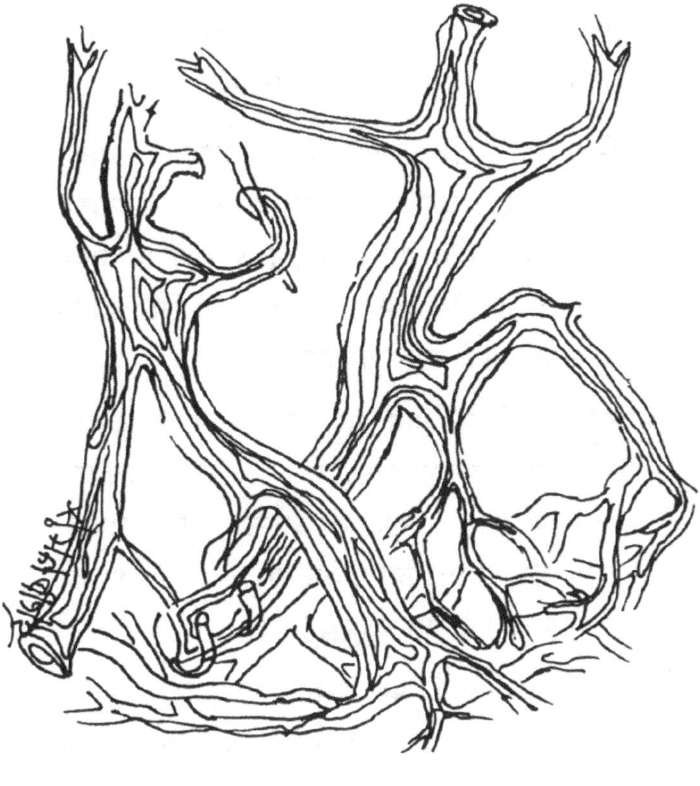

मेरा वतन वही है, मेरा वतन वही है

-फलक

मशहूर है जो भारत दुनिया का है खुलासा,
जारी है जिसमें चश्मे बहते हैं जिसमें दरिया।
अलमास-ओ-लाल ओ गौहर होते हैं जिसमें पैदा,
यूरोप समझ रहा है सोने की जिसको चिड़िया।
मेरा वतन वही है, मेरा वतन वही है।

दुनिया के वहशियों को जिसने अदब सिखाया,
तहजीब का जहाँ को जिसने सबक पढ़ाया।
मजहब ने जिसके डाला जापान व चीन पे साया,
उठकर जहाँ से अब वहदत जहाँ पै छाया।
मेरा वतन वही है, मेरा वतन वही है।

अर्जुन ने जिस जमीं पर तीर अफगनी दिखाई,
कि भीम ने जहाँ पर थी जंग-आजमाई।
मोहन ने जिस चमन में कुदरत की ने-बजाई,
बाणों की सेज जिसमें भीष्म ने थी बिछाई।
मेरा वतन वही है, मेरा वतन वही है।

उड़ता रहा जहाँ पर पृथी का शाही परचम,
थी खू फिशाँ जहाँ पर साँगा की तेगे-पुरखम।

प्रताप से जहाँ था शाहों का नाक में दम,
सेवा ने जिससे पाया अलकाब शेर-ए-आलम।
मेरा वतन वही है, मेरा वतन वही है।

जिसको जहाँ में अरजी जिन्नत कहा गया है,
बादए-जिनूब जिसकी दिलकश है जाँ फिजाँ है।
हर फूल जिस चमन का खुशरंग व खुशनुमा है,
जिसका 'फलक' जहाँ से नक्सा ही कुछ जुदा है।
मेरा वतन वही है मेरा वतन वही है ॥

***

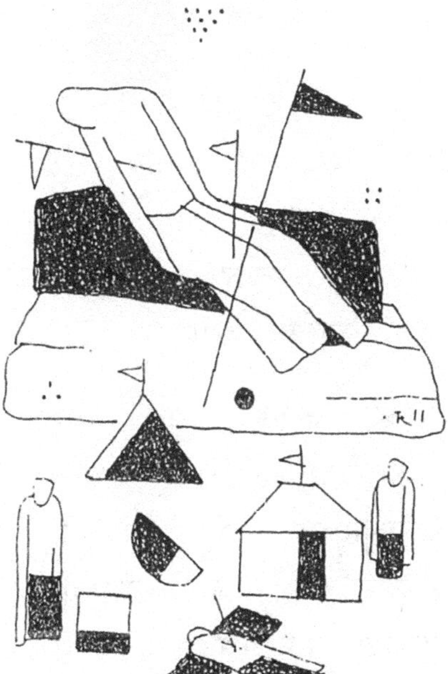

शहीद गीत

-रामगोपाल 'रुद्र'

जगमगा रहा दिया मजार पर!
एक ही दीया स्नेह से भरा,
प्रेम का प्रकाश, प्रेम से धरा।
झिलमिला हवा को तिलमिला रहा,
ज्योति का निशान जो हिला रहा,
मुसकरा रहा है अंधकार पर!

यह मजार है किसी शहीद का,
दर्शनीय था जो चाँद ईद का।
देश का सपूत था, गुमान था,
सत्त्व का स्वरूप, नौजवान था।
जो चला किया सदा दुधार पर!

देश का दलन, दुसह दुराज वह,
वे कुरीतियाँ, दलित समाज वह।
वे गुलामियाँ जो पीसती रहीं,
वे अनीतियाँ जो टीसती रहीं।
वह दमन का चक्र अश्रुधार पर!

देख आँखों में लहू उतर गया,
पंख चैन के कोई कुतर गया।
धधक उठी आग अंग-अंग में,
खौल उठा विष उमंग-उमंग में।
चल पड़ा अमर, अमर पुकार पर!

वह जिधर चला, जवानियाँ चलीं,
बाढ़ की विकल रवानियाँ चलीं।
नाश की नई निशानियाँ चलीं,
इनकलाब की कहानियाँ चलीं।
फूल के चरण चले अंगार पर!

दंभ का जहाँ-जहाँ पड़ाव था,
सत्य से जहाँ-जहाँ दुराव था।
वह चला कि अग्निबाण मारता,
पाप की अटा-अटा उजाड़ता।
वज्र बन गिरा, गिरे विचार पर!

आज देश के उसी सपूत की,
राष्ट्र के शहीद, अग्रदूत की।
शांति की मशाल जो लिये चला,
क्रांति का कमाल जो किए चला।
लौ जगा रहा दिया मजार पर!
जगमगा रहा दिया मजार पर!!

***

हिंदोस्ताँ हमारा

-शातिर

क्यों हो न हमको प्यारा हिंदोस्ताँ हमारा।
हम हैं मकी जो इसके तो यह मकाँ हमारा।।

इल्मो-हुनर में आगे सबसे बढ़ा हुआ है,
पीछे रहा किसी से कब कारवाँ हमारा।
ऐ गुलसिताँ के तिनको, इतना हमें बता दो,
सैयाद का ये घर है या आशियाँ हमारा।।

धीमे सुरों से गंगा यह गुनगुना रही है,
अमृत से भी है बढ़कर आबे-रवाँ हमारा।
क्यों हम डरें किसी से, क्यों हम दबें किसी से,
पर्वत हिमालिया-सा है पासबाँ हमारा।।

तहजीब का हमीं से, सीखा सबक सभी ने,
गुन गा रहा है क्या-क्या, सारा जहाँ हमारा।
खिदमत में उसकी 'शातिर' अब जाँ निसार कर दो,
प्यारा वतन हमारा, जन्नत निशाँ हमारा।।

***

-श्रीधर पाठक

जय-जयति-जयति प्राचीन हिंद,
जय नगर ग्राम अभिराम हिंद।

जय-जयति-जयति सुखधाम हिंद,
जय सरसिज-मधुकर निकट हिंद।

जय जयति हिमालय-शिखर हिंद,
जय जयति विंध्य-कंदरा हिंद।

जय मलय-मेरु मंदरा हिंद,
जय शैल-सुता सुरसरी हिंद।

जय यमुना गोदावरी हिंद,
जय जयति सदा स्वाधीन हिंद।

जय-जयति-जयति प्राचीन हिंद।

***

भारत गीत

-श्रीधर पाठक

जय-जय प्यारा, जग से न्यारा,
शोभित सारा, देश हमारा,
जगत-मुकुट, जगदीश दुलारा।
जग-सौभाग्य सुदेश,
जय-जय प्यारा भारत देश!

प्यारा देश, जय देशेश,
जय अशेष, सदय विशेष,
जहाँ न संभव अघ का लेश।
केवल पुण्य प्रवेश,
जय-जय प्यारा भारत देश!

स्वर्गिक शीश-फूल पृथ्वी का,
प्रेम-मूल, प्रिय लोकत्रयी का,
सुललित प्रकृति-नटी का टीका।
ज्यों निशि का राकेश,
जय-जय प्यारा भारत देश!

जय-जय शुभ्र हिमाचल शृंगा,
कलरव-निरत कलोलिनि गंगा,
भानु-प्रताप-चमत्कृत अंगा।
तेज-पुंज तपवेश,
जय-जय प्यारा भारत देश!

जग में कोटि-कोटि जुग जीवे,
जीवन-सुलभ अमी-रस पीवे,
सुखद वितान सुकृत का सीवे।
रहे स्वतंत्र हमेश,
जय-जय प्यारा भारत देश!

***

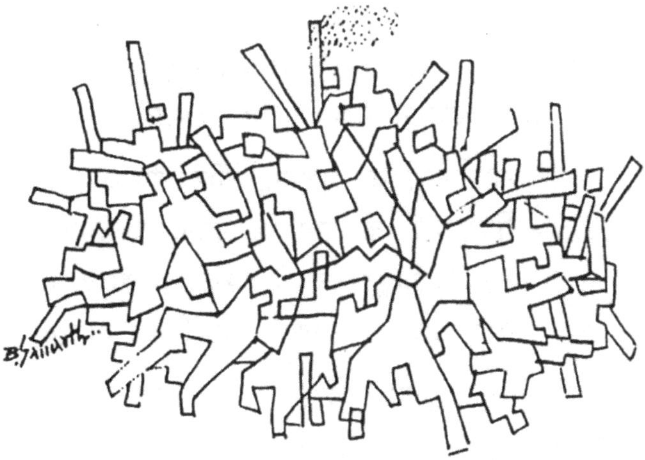

हिंदोस्ताँ हमारा

-लालचन्य फलक

है बोस्ताँ हमारा, हिंदोस्ताँ हमारा।
है स्वर्ग से भी बढ़कर प्यारा वतन हमारा॥

पहरे पे है हमारे इतना बड़ा समुंदर,
कोहे-हिमालिया भी है पासबाँ हमारा।
हसरत से देखते हैं अहले बहिश्त इसको,
जन्नत निशाँ है बेशक हिंदोस्ताँ हमारा॥

लंदन के ताजेशाही में कोहिनूर देखो,
क्या पूछते हो हमसे नामो-निशाँ हमारा।
सुबकी नहीं हमारी, जो सबसे दब गए हैं,
फिर भी हर एक से है पल्ला गिराँ हमारा॥

जापानियों का जापान, चीन चीनियों का,
हिन्दोस्ताँ के हम हैं हिन्दोस्ताँ हमारा
सरकस जिए वतन की हमने हवा की बाँधी,
क्या खाक कर सकेगी बादें खिजाँ हमारा॥

नालाँ मिसाले-बुलबुल हैं हालते-वतन पर,
सोजा जिगर है गम से, दिल है तपाँ हमारा।
थे दिन कभी कि हम भी रोतों को थे हँसाते,
थमता मगर नहीं अब अश्के-रवाँ हमारा॥

सरसब्ज यह जो होगा, फूले-फलेंगे हम भी,
हम बागबाँ हैं इसके, यह बोस्ताँ हमारा।
बाँगे-जरस से जिसकी चौंके थे सुर्खरू सब,
पीछे पड़ा हुआ है वह कारवाँ हमारा॥

हम भी उठा के छोड़ेंगे सर पर आसमाँ को,
सर पे जमीं उठाए लाख आसमाँ हमारा।
बहरे-अदन गहर को, बुलबुल को बाग फर्रुख,
हमको 'फलक' मुबारक हिंदोस्ताँ हमारा॥

***

हम सब भारतवासी हैं !

-निरंकार देव 'सेवक'

हम पंजाबी, हम गुजराती, बंगाली, मदरासी हैं,
लेकिन हम इन-सबसे पहले केवल भारतवासी हैं!
हम सब भारतवासी हैं।

हमें प्यार आपस में करना, पुरखों ने सिखलाया है,
हमें देश-हित, जीना-मरना, पुरखों ने सिखलाया है!
हम उनके बतलाये पथ पर, चलने के अभ्यासी हैं!

हम अपने अपने हाथों से, अपना भाग्य बनाते हैं,
मेहनत करके बंजर धरती से सोना उपजाते हैं!
पत्थर को भगवान बना दें, हम ऐसे विश्वासी हैं!

वह भाषा हम नहीं जानते, बैर-भाव सिखलाती जो,
कौन समझता नहीं, बाग में बैठी कोयल गाती जो!
निपके अक्षर देश-प्रेम के हम वह भाषा-भाषी है।

***

मां! जीवन-अंजलि में तेरे तर्पण-हित कुछ अर्पित फूल।
उन्हें करूं क्या? चढ़ा दिया, लो चरणों की लेने दो धूल।।
हृदय-द्वार हो गये बंद, कोने में जब क्रन्दित अनुराग।
अरे सिखाना है जग को जीने का सच्चा राग-विराग।।

-महादेवी वर्मा

प्रार्थना

-प्रभुदयाल आर्य

न चाहूँ मान दुनिया में, न चाहूँ स्वर्ग का जाना।
यही वर दो मुझे भगवन् रहूँ भारत पै दीवाना॥

करूँ मैं देश की सेवा, पड़ें चाहे करोड़ों दुःख,
अगर मरकर जनम होवे तो भारत में ही हो आना।
लगा रहे प्रेम हिंदी से पढ़ूं हिंदी, लिखूँ हिंदी,
चलन हिंदी चलूँ हिंदी पहनना, ओढ़ना, खाना॥

भवन में रोशनी मेरे जले हिंदी चिरागों की,
स्वदेशी ही बजे बाजा बजाना राग का गाना।
लगे सब देश के ही अर्थ मेरा तुच्छ विद्या धन,
करूँ मैं प्राण तक अर्पण यही प्रण सत्य है ठाना॥

सँभलकर पहन ले भारत, बदन पर भक्ति का चोला,
चढ़ा लो प्रेम की रंगत दुई का त्यागकर बाना।
नहीं कुछ गैर-मुमकिन है जो दिल से समझो बिसमिल तुम,
उठा लो देश हाथों पर समझकर अपना बेगाना॥

***

जीते देश हमारा

-अजीत

जीते देश हमारा, भारत है घर-बार हमारा।

चरणों में सोने की लंका,
कंठ में दरियाओं की माला,
सिर पर सुंदर ताज हिमालय।

जीते देश हमारा, भारत है घर-बार हमारा।

अद्भुत सागर दो भुजाएँ,
रंग-रंगीले पुष्प लहराएँ,
आओ मिलकर स्तुति गाएँ।

जीते देश हमारा, भारत है घर-बार हमारा।

अजीत भारत पै बलिहारी,
टेर सुनो प्रभु हम दुखियारी,
बंधन टूटे तू हितकारी।

जीते देश हमारा, भारत है घर-बार हमारा।

***

हम

-अज्ञात

हैं जीवन हम, हैं यौवन हम, हैं यौवन के उन्माद हमीं, जो
हिला-डुला दे दुनिया को उस विप्लव के सिंहनाद हमीं।
जिस पर अवलंबित क्रांति प्रबल वह पत्थर की बुनियाद हमीं,
जिसमें है साहस, शक्ति भरी वह 'ब्रह्मा' की ईजाद हमीं॥

भारत के लाल हमी,
दुनिया की बाँह विशाल हमी,
हैं पृथ्वी के महिपाल हमीं।

हैं उन्नति के आधार हमीं, सुख-दुःख के जिम्मेवार हमीं,
करते जग का व्यापार हमीं, हैं वैभव के आगार हमीं।
हैं तिलक, लाजपत के चेले औ' अजमल के परिवार हमी,
हम मोती और जवाहर हैं, हैं गांधी के अवतार हमीं ॥

रवि की वीणा के तार हमीं,
'वसु' के हैं आविष्कार हमीं,
सारे तत्त्वों के सार हमीं।

हैं शंकर के वरदान हमीं, हैं ईसा के फरमान हमीं,
हैं राम, रहीम समान हमीं, इनसान हमी, भगवान हमीं।
दुनिया में जीवित जीवन की हैं एहचान हमीं
हैं भाग्य महा विधि के भी औ' भारत के अभिमान हमीं॥

***

वंदे मातरम्

-अज्ञात

आओ बंधु मिलो गले से कहके वंदे मातरम्।
'मातु' की सेवा करो तुम कहके वंदे मातरम्॥
हिंद के वासी सभी हैं एक ही संतति अहो!
हिंद हमारी सबकी माता बोलो वंदे मातरम्॥
बंगाली, हिंदू, सिख, मुसलमाँ तुम हो सभी हिंदी।
सारे मिलके सिर नवाओ कहके वंदे मातरम्॥
तुम्हें पिलाया दुग्ध जिसने पोसा व पालन किया।
जान दो उस मातु के हित कह के वंदे मातरम्॥
कैद हो या काला पानी या जमानत हो सही।
फाँसी चढ़ो, कृतज्ञ मानो, बोलो वंदे मातरम्॥

***

पंचरंगी चोला

-अज्ञात

मेरा रंग दे पँचरंगी चोला, माँ रंग दे पँचरंगी चोला,
इसी रंग में रंग के शिवा ने माँ का बंधन खोला,

वही रंग प्रताप ने हल्दीघाटी में खोला,
इसी रंग में तिलक देव ने यह स्वराज्य टटोला,

इसी रंग में लालाजी ने माँ का चरण टटोला,
इसी रंग में भगत-दत्त ने दुश्मन का दिल छोला,

इसी रंग में यतींद्रदास ने अपना चोला छोड़ा,
इसी रंग में सत्यवती ने जेल का फाटक खोला,

इसी रंग में गांधीजी ने नमक पर धावा बोला,
यही रंग अब्बास तैयब ने जेल में जा के घोला,

इसी रंग में जवाहरलाल ने आत्मबल को तौला,
इसी रंग में तारासिंह ने सिक्खों का सत तौला,

इसी रंग में मदनमोहन का असेंबली से दिल डोला,
इसी रंग में मोतीलाल का कानून से दिल डोला,

इसी रंग में सैयदजी ने अल्ला-हो-अकबर बोला,
इसी रंग में सत्याग्रह ने वंदे मातरम् बोला,

इसी रंग में वीरों ने चमकाया है शोला, इसी
रंग में लिया देश ने आजादी का झोला।

***

तुम राम कहो

-अज्ञात

तुम राम कहो वो रहीम कहें, दोनों की गरज अल्लाह से है।
तुम दीन कहो वो धर्म कहें, मंशा तो उसी की राह से है।।

तुम इश्क कहो वो प्रेम कहें, मतलब तो उसी की चाह से है।
वह जोगी हो तुम सालिक हो, मकसूद दिले-आगाह से है।।

क्या लगता है मूरख बंदे, यह तेरी खामखयाली है।
है पेड़ की जड़ तो एक वही हर मजहब एक-एक डाली है।।

बनवाओ शिवाला या मसजिद, है ईंट वही चूना भी वही।
मेमार वही मजदूर वही मिट्टी है वही चूना भी वही।।

तकबीर का जो कुछ है, नाकूश का भी मंशा है वही।
तुम जिनको नमाज कहते हो, हिंदू के लिए पूजा है वही।।

फिर लड़ने से क्या हासिल है, जी फहम हो तम नादान नहीं।
भाई पे जो दौड़े गुर्राकर वो हो सकते इनसान नहीं।।

क्या कत्ल वो गारत खूरेजी तारीफ यही ईमान की है?
क्या आपस में लड़कर मरना तालीम यही कुरआन की है?

नसाफ करो तफसीर यही क्या वेदों के फरमान की है?
क्या सचमुच यह खूखारी की आला खसलत इनसान की है?

तुम ऐसे बुरे आमालों पर कुछ भी तो खुदा से शर्म करो।
पत्थर जो बना रखा है शहीद इस दिल को जरा तो नर्म करो।।

***

प्यारा हिंदोस्ताँ हमारा

-अज्ञात

बुलबुल हैं हम वतन की, वह गुलिस्ताँ हमारा,
प्यारे हम उसके, प्यारा हिंदोस्ताँ हमारा।
यह तन हुआ हमारा खाके-वतन से पैदा,
काम आएगा वतन के, हर उस्तखाँ हमारा॥

दिल में वतन की उल्फत, सर में वतन का सौदा,
नामे-वतन हो या रब्ब, विरदे-जवाँ हमारा।
फसले-बहार आए, गर गुलशने-वतन में,
खूने-जिगर से सींचे, हर नौजवाँ हमारा॥

हिंदू हो या मुसलमाँ कह दें मुखलिफों से,
हिंदी हैं हम, वतन है हिंदोस्ताँ हमारा।
गर ईश्वर ने चाहा, तो देखना कि इक दिन,
उड़ता हिमालय पर होगा निशाँ हमारा॥

हम अहद कर चुके हैं, मर जाएँगे वतन पर,
क्या कर सकेगा देखें, दौरे-जमाँ हमारा।
मिट जाएँगे वे खुद ही, 'हमदम' जहाँ के
हाथों, जो चाहते मिटाना, नामोनिशाँ हमारा॥

***

आर्य मातृभूमि

-अज्ञात

आर्य मातृभूमि, तेरे चरणों में सिर नवाऊँ।
मैं भक्ति भेंट अपनी, तेरी शरण में लाऊँ॥

माथे पे तू हो चंदन, छाती पे तू हो माला,
जिह्वा पे गीत तू हो, मैं तेरा नाम गाऊँ।
जिसमें सुपूत उपजें, श्रीराम-कृष्ण जैसे,
उस तेरी धूलि को मैं, निज शीश पै चढ़ाऊँ॥

माना समुद्र जिसकी, धूलिका पान करके,
करता है मान तेरे उस पैर को मनाऊँ।
वे देश मानवाले, चढ़कर उतर गए सब,
गोरे रहे न काले, तुझको ही एक पाऊँ॥

सेवा में तेरी सारे भेदों को भूल जाऊँ,
वह पुण्य नाम तेरा, प्रतिदिन सुनूँ-सुनाऊँ।
तेरे ही काम आऊँ, तेरा ही नाम गाऊँ,
मन और देह तुझ पर, बलिदान मैं चढ़ाऊँ॥

***

जगदीश,
यह विनय है जब प्राण तन से निकले

-अज्ञात

जगदीश, यह विनय है जब प्राण तन से निकले।
प्रिय देश-देश रटते यह प्राण तन से निकले ॥

भारत-वसुंधरा पर सुख-शांति संयुता पर।
शुचि-शस्य-श्यामला पर यह प्राण तन से निकले।

देशाभिमान धरते जातीय गान करते।
निज देश व्याधि हरते यह प्राण तन से निकले ॥

भारत का चित्रपट हो युग नेत्र के निकट हो।
श्री जाह्नवी का तट हो तब प्राण तन से निकले ॥

दुःख-दैत्य पर विजय हो अज्ञात रात्रि क्षय हो।
भारत समृद्धि-मय हो तब प्राण तन से निकले॥

उद्योग, शांति, सुख हो आलस्य हो न दुःख हो।
सबका प्रसन्न मुख हो, तब प्राण तन से निकले।

संकट न दुःख भय हो, सर्वत्र ही विजय हो।
ऐसा सुकाल जब हो तब प्राण तन से निकले॥

सब ही सतत सबल हों, विद्या कला कुशल हों।
कर्तव्य पर अटल हों, तब प्राण तन से निकले।

देशोपकार करते मन मातृ-भक्ति भरते।
जय-जय स्वदेश रटते, यह प्राण तन से निकले।

***

एकता की पुकार

-अज्ञात

कृष्ण या करीम की कुदरत अलग कोई नहीं,
अल्लाह या ईश्वर, तेरी सूरत अलग कोई नहीं।
पान गंगाजल करो या आबे-जमजम को पियो,
जल तत्त्व इनमें एक है, रंगत अलग कोई नहीं।

महादेव तो मंदिर में हैं और मुस्तफा मसजिद में,
है पुरान-कुरान की आयत अलग कोई नहीं।
राम या रहमान हो, एक सीप के मोती हैं दो,
मुल्ला-पुजारी की इबादत अलग कोई नहीं।

नर्क या दोजख बुरे हैं पापियों के वास्ते,
हिंदुओं के स्वर्ग से जन्नत अलग कोई नहीं।
हिंदू-मुसलिम, पारसी, ईसाई, यहूदी, क्रिश्चियन,
एक पिता के पुत्र हैं, माता अलग कोई नहीं।

***

भारत-भक्त

-अज्ञात

बनेंगे हिंद के योगी धरेंगे ध्यान भारत का।
उठाकर भक्ति का झंडा करें उत्थान भारत का॥

गले में शील की माला पहिनकर ज्ञान की कफनी,
पकड़कर त्याग का झंडा रखेंगे मान भारत का।
जलाकर कष्ट की होली उठाकर कष्ट की झोली,
जमाकर संत की टोली करेंगे गान भारत का॥

तजें सब लोक की लज्जा तजें सुख-भोग की शय्या,
न छोड़े बान ऋषियों की जो है विद्वान् भारत का।
न है सुख-भोग आकांक्षा न है धन-माल की इच्छा
न है संसार की बाँछा चहें सम्मान भारत का॥

स्वरों में तान भारत की है मुख में गान भारत का,
नसों में रक्त भारत का उदर में प्राण भारत का।
हमारे जन्म का सार्थक हमारे मोक्ष का मारग,
हमारे लक्ष्य में वह हो बने उद्यान भारत का॥

***

वंदे मातरम्

-अज्ञात

भारत हमारी माता हम बंदे हैं तुम्हारे,
मीठे तुम्हारे पानी फल खुशगवार प्यारे।
ठंडी हवा के झोंके बू-ए-वतन से महके,
जिस ओर जाएँ आँखें दर्शन को तेरे माता,
लहरा रहे खुशी में हैं किश्तजार सारे॥
भारत...

स्त्री-पुरुष व बच्चे जय-जय पुकारते हैं,
भक्ति की लहर में दम सेवा का मारते हैं।
निर्बल नहीं तू माता तेरी तमाम शक्ति,
है रक्षक तू हमारी जीवन सुधारते हैं।
भारत...

है इल्म औ' अमल तू बच्चों का जान व दिल तू,
है स्वाँस तू बदन में है बाजुओं में बल तू।
दिल में प्रेम तू है तसवीर चित्र तेरा,
हृदय में है हमारे बे सुबह बेदल लूँ॥
भारत...

शक्ति में दश भुजे तू बच्चों की है रक्षिता,
बच्चों की कान है तू माने तमाम संसार।
तू इल्म की है देवी तू हुनर का खजाना,
तू मारफत की दरिया तू मजहबियों की है माँ॥

भारत हमारी माता हम बंदे हैं तुम्हारे,
मीठे तुम्हारे पानी, फल खुशगवार प्यारे॥

***

जय भारत का जयगान करो

-गिरधर शर्मा 'नवरत्न'

बन जाएँ उदार विचार सभी,
अनुदार विचार न लाएँ कभी।
श्रुति-मोद भरे शुचि कर्म करें।
'नवरत्न' अपूर्व उमंग धरें।

यह आलस फेंक रसातल में,
पुरुषार्थ करें जल में थल में।
जगदीश्वर जीवन-दान करो।
जय भारत का जयगान करो।

सुखकारक सुंदर साज धरें,
हरि-सम्मुख भेद-विचार हरें।
कहके 'हम भारत के सुत हैं'।
'नवरत्न' मिलें बस मेल करें।

द्विज वेद-विचार प्रचार करें,
अपने-अपने सब काम करें।
जगदीश्वर जीवन-दान करो।
जय भारत का जयगान करो॥

***

धन्य धरा, भारत जननी

-शोभना 'शोभा'

धन्य धरा, भारत जननी की, महिमा अपरम्पार
पात-पात, बिरवा-हरियाली ही, जिसका श्रृंगार।
घाट-घाट पर मंदिर मस्जिद
चौराहों पर गुरुद्वारा
पग-पग पर गिरजा औ" मठ हैं
पनघट-पनघट जलधारा,
अलख जगाते सूफी-संत, जहां गुरुओं का दरबार,
पात-पात, बिरवा-हरियाली ही, जिसका श्रृंगार।
पत्थर-पत्थर देव यहां पर
माटी-माटी चन्दन है,
कंकर-कंकर भोले शंकर
पर्वत-पर्वत गुंजन है,
जिसकी गौरवगाथाओं पर, सम्मोहित संसार,
पात-पात, बिरवा-हरियाली ही, जिसका श्रृंगार।
मुकुट हिमालय,
आंचल झेलम
चोली व्यास-चिनाव
सतलुज बनी कंचुकी बंधन
रावी वसन कसाव,

गंगा-यमुना जिसके गले की, मोहक चंदनहार,
पात-पात, बिरवा-हरियाली ही, जिसका श्रृंगार।
चन्द्रभागा-ब्रह्मपुत्रा, कंगन
कर में खनक रहे खन-खन,
ताजमहल हीरे की नग सा
दमक रहा देखो दम-दम,
सोन-बेतवा-गोदावरी है, आंचल का विस्तार,
पात-पात, बिरवा-हरियाली ही, जिसका श्रृंगार।
सिंधु यही नाक की नथनी
रेवा रून-झुन करधनियां,
पम्पा जहां पांवों की पायल
और कावेरी पैजनियां
हिन्दी जिसकी भाल की बिन्दी, मेंहदी महावर प्यार,
पात-पात बिरवा-हरियाली ही, जिसका श्रृंगार।
जिसके पूत सपूत भगतसिंह
ऊधम, बन्दा बैरागी,
वीर जवाहर पूज्य कर्म से,
राम-कृष्ण, गौतम-गांधी
जिसकी कोख से स्वयं विधाता, लेता है अवतार,
पात-पात बिरवा-हरियाली ही, जिसका श्रृंगार।

***

मातृभूमि वंदना

-सत्यदेव परिव्राजक

ऐ मातृभूमि! तेरे चरणों में सिर नवाऊँ,
मैं भक्ति भेंट अपनी तेरे चरणों में लाऊँ।

माथे पे तू हो चंदन छाती पे तू हो माला,
जिह्वा में गीत तू हो मैं तेरा नाम गाऊँ।

जिससे सुपूत उपजे श्रीराम-कृष्ण जैसे,
उस तेरी धूलि को निज शीश पे चढ़ाऊँ।

मानी समुद्र जिसकी धूली का पान करके,
करता है मान तेरे उस पैर को मनाऊँ।

वे देश मानवाले चढ़कर उतर गए सब,
गोरे रहे न काले तुझको ही एक पाऊँ।

सेवा में तेरी सारे भेदों को भूल जाऊँ,
वह पुण्य नाम तेरा प्रतिदिन सुनूँ-सुनाऊँ।

तेरे ही काम आऊँ, तेरा ही मंत्र गाऊँ,
मन और देह तुझ पर बलिदान मैं चढ़ाऊँ।

***

सुन लो कथा हमारी

-प्रीतम

अल्लाह-नामवालो, सुन लो कथा हमारी,
मसजिद के तुम हो बंदे, मंदिर के हम पुजारी।

हैं नाम उसके कितने, पर एक ही खुदा है,
हजरत-हुसैन वो ही, वंशी थी जिसकी प्यारी।

वह कर्बला में आया, गोकुल में भी वही था,
गीता बनाई उसने, जिसकी अजाँ है जारी।

कुरआन है जो उसका, तो वेद भी उसी का,
'प्रीतम' न फर्क समझो, दुनिया उसी की सारी।

***

जय-जय भारत देश

-नवरत्न

मनुज-जाति का सत्त्वोद्धारक, असुर-गणों का बल संहारक,
गोधन, जन-जन कष्ट-निवारक, तेरा दिव्य मंत्र है तारक।
सुखकारक आदेश!
जय देश! जय देश! जय-जय भारत देश!!

पंजाबी, गुजरात-निवासी, बंगाली हो या ब्रजवासी,
राजस्थानी या मदरासी, सबके सब हैं भारतवासी।
तेरे सुत प्रिय देश!
जय देश! जय देश! जय-जय भारत देश!!

सत्य ज्ञान हिय धारें हम सब, काम नीति से सारें हम सब,
जय विश्वेश उचारें हम सब, तन-मन-धन सब वारें हम सब।
कह-कह जय-जय देश!
जय देश! जय देश! जय-जय भारत देश!!

दृग के तारे, जग उजियारे, हिय के प्यारे देश,
वेदोद्गाता, भाग्यविधाता, सब सुखदाता देश!
जय देश! जय देश! जय-जय भारत देश!!

***

जन्मभूमि

-धनंजय भट्ट 'सरल'

पाल-पोसकर जिसने मुझको,
इतना बड़ा बनाया है।
जिसके जल-मिट्टी आदिक से,
मेरा तन गया रचाया है।
उस जन्मभूमि की रक्षा हित,
तन-मन-धन सब वार करें।
यही जीवनोद्देश्य हमारा,
जननी का संताप हरें।।

***

यह देश सलोना है

-उमाकांत मालवीय

यह माटी सोना है, यह देश सलोना है,
सुंदर सा औ' हरा-भरा हर कोना है।
आती है सुबह भली,
कलरव है गली-गली।
तुलसी घर दीप जले-
फिर जब-जब शाम ढली

चादर नभ की नीली और दूब बिछौना है,
चौकड़ी कहीं भरता खरहा मृगछौना है।
कल-कल करती नदिया,
चमचम चमके बिंदिया।
हौले-हौले हलके-
लोरी लाती निंदिया।

ऐसी इस धरती का अपमान न होना है,
अपनी कुरबानी से यह देश सँजोना है।

यह माटी सोना है, यह देश सलोना है,
सुंदर-सा औ' हरा-भरा हर कोना है।

***

मंत्र 'वंदे मातरम्'

-कन्हैयालाल दीक्षित 'इंद्र'

बोलियो सब मिल महाशय मंत्र 'वंदे मातरम्',
तीनों भुवन में गूंज जाए शब्द 'वंदे मातरम्'।

बन जाए सुखदायी हमारा मंत्र 'वंदे मातरम्',
हो हमारी पाठ-पूजा मंत्र 'वंदे मातरम्'।

मंदिर व मसजिद और गुरुद्वारा व गिरजा हो यही,
मजहब बने बस हम सभी का एक 'वंदे मातरम्'।

हाथ में हो हथकड़ी और बेड़ियाँ हों पाँव में,
गाएँगे उनको बजाकर गीत 'वंदे मातरम्'।

इसलिए धिक्कार है सौ बार जो कहता नहीं,
प्रेम में उन्मत्त होकर मंत्र 'वंदे मातरम्'।

भारत हमारा देव-मंदिर और मसजिद भी यही,
हिंदू-मुसलमाँ हों उपासक मंत्र 'वंदे मातरम्'।

सब ही से यह बोलना अब 'इंद्र' तुमको चाहिए,
भारत निवासी, जयति गांधी और 'वंदे मातरम्'।

***

जय-जयकार

-चंडी प्रसाद 'हृदयेश'

जयति जय जन्मभूमि जननी!
तेरे पद-नख-चारु-वचंद्रमणि-मंडित मौलिजलेश्वर का,
तेरे काश्मीर-कुंकुम-कण-अंकित अंग महेश्वर का।
धन्य-धन-धुरी धर्म-धमनी,
जयति जय जन्मभूमि जननी!
श्यामल मलय-विचल अंचल तुव, मचले श्याम गहे कर में,
पुण्य-पयोधर-पय-पीयूष से पला प्रेम मानस-सर में।
कथित कमनीय कीर्ति करनी,
जयति जय जन्मभूमि जननी!
तेरे मानस विकच कमल में कांतिमयी कमला सजती,
तेरी कोमल कुंज कुटी में कविता की वीणा बजती।
अखिल अवतारों की अवनी,
जयति जय जन्मभूमि जननी!
तेरे गुहा-मुखों में ब्राह्मण ब्रह्मनाद को करें ध्वनित,
तेरे सुख सौभाग्य गगन में सत्य सूर्य हो शीघ्र उदित।
द्वेष-दुःख-दंभ-दुरित-दलनी,
जयति जय जन्मभूमि जननी!

***

चेतना का स्वर

-केदारनाथ मिश्र 'प्रभात'

मेघों के आगे समुद्र आँधियाँ मिमिर दुर्धर्ष था,
आवर्तन-व्यावर्तन के हिलकोरों का संघर्ष था।
सभी ओर वज्र स्फुलिंग, प्रज्वलित सागर मेखला,
निकला ऋषि अमरत्व तेज ले वह तो भारतवर्ष था।

पथ में जहाँ शिलाखंडों पर शोणित बहा प्रकाश का,
कालपुरुष ने वहाँ लिखा अध्याय प्रथम इतिहास का।
अंबर पट पर विद्युत की रेखा जाती जो कौंध है,
वह अमेट उत्सर्ग ऋचा है विजय-ध्वज विश्वास का॥

मैं अलक्ष्य कब, लक्ष-लक्ष जब मेरे शब्द पुकारते,
मैं अचिह्न कब, तारों से जब मेरे चिह्न निहारते।
ओ मेरे उच्छ्वास! तनिक तू छू दे, सिंधु अधीर है,
देखूं कैसे वह्नि विशिख पृथ्वी पर स्वर्ग उतारते॥

खंडित वज्र हुआ था जब वह लग्न खड़ा था द्वार पर,
जैसे वातावर्त खड़े रहते सागर के ज्वार पर।
मैंने कहा नियति से, तू पाँवों में पायल बाँध ले,
तुझे नाचना है मेरी ज्वाला के उपसंहार पर।

मुझसे पूछो, मैं बतलाऊँ वह तारों का खेत है,
वहाँ एक गंगा बहती है, कहीं न सैकत रेत है।

चंद्र-सूर्य दो महाकाव्य मैंने हैं लिखे सनेह से,
अंतरिक्ष का हर अक्षर मेरे पथ का संकेत है।

शिलाखंड पर विटप छाँह दूधिया चाँदनी आँकती,
शाखाओं पर झुकी वायु यूँ घट के पट से झाँकती।
पथ सोया है कण-कण में अनखुली कहानी बाँधकर,
नीरवता अधखिले पत्र पर शब्द सजल कुछ टाँकती।

कभी-कभी बेहोशी दृगपट पर चित्र उतारती,
कभी-कभी मूर्च्छना स्वयं संज्ञा का रूप सँवारती।
कभी-कभी जीवन से दो क्षण दान मरण ही माँगता,
कभी-कभी कंपित लौ पर मंदिर सँभालती आरती॥

स्वर्ग तैरता है समुद्र की चंचल चपल हिलोर पर,
एक अनछुई रश्मि प्रतीकित हर हिलोर की कोर पर।
परिधि-रहित सौंदर्य चूर कर गंध न पीता ज्योति को,
स्वप्न बाँटता कवि के चेतन मन के अपलक छोर पर॥

राह भूलकर आज स्वयं को सृष्टि रही है भूल-सी,
देखो तो चंचल समीर पर साँस झुकी है फूल-सी।
गीतों के पल्लव दल में लेता नवीन अँगड़ाइयाँ,
गीतों की सीमा के आगे पृथ्वी उड़ती धूल-सी॥

एक वंदना ऊषा की पलकों से पंथ बुहारती,
एक साधना संध्या की बातों से पंथ सँवारती।
एक चेतना मध्यरात्रि की साँसों में स्वर फूंकती,
एक अर्चना भाषा बनती, एक सर्जना भारती॥

***

हमारा वतन, दिल से प्यारा वतन

-चकबस्त लखनवी

यह हिंदोस्ताँ है हमारा वतन,
मुहब्बत की आँखों का तारा वतन।
हमारा वतन, दिल से प्यारा वतन॥१॥

वह इसके दरख्तों की तैयारियाँ,
वह फल-फूल पौधे वह फुलवारियाँ।
हमारा वतन, दिल से प्यारा वतन॥२॥

हवा में दरख्तों का वह झूमना,
वह पत्तों का फूलों का मुँह चूमना।
हमारा वतन, दिल से प्यारा वतन॥३॥

वह सावन में काली घटा की बहार,
वह बरसात की हलकी-हलकी फुहार।
हमारा वतन, दिल से प्यारा वतन॥४॥

वह बागों में कोयल, वह जंगल के मोर,
वह गंगा की लहरें, वह जमुना का जोर।
हमारा वतन, दिल से प्यारा वत ॥५॥

इसी से है इस जिंदगी की बहार,
वतन की मुहब्बत हो या माँ का प्यार।
हमारा वतन, दिल से प्यारा वतन॥६॥

***

जग में अब भी गूंज रहे हैं

-सियारामशरण गुप्त

जग में अब भी गूंज रहे हैं गीत हमारे;
शौर्य, वीर्य्य, गुण हुए न अब भी हमसे न्यारे।
रोम, मिस्र, चीनादि काँपते रहते सारे,
यूनानी तो अभी अभी हमसे हैं हारे।
सब हमें जानते हैं सदा
भारतीय हम हैं अभय;
फिर एक बार हे विश्व! तुम
गाओ भारत की विजय॥

साक्षी है इतिहास, हमीं पहले जागे हैं,
जागृत सब हो रहे हमारे ही आगे हैं।
शत्रु हमारे कहाँ नहीं भय से भागे हैं,
कायरता से कहाँ प्राण हमने त्यागे हैं?
हैं हमीं प्रकंपित कर चुके
सुरपति तक का भी हृदय,
फिर एक बार हे विश्व! तुम
गाओ भारत की विजय॥

कहाँ प्रकाशित नहीं रहा है तेज हमारा?
दलित कर चुके सभी शत्रु हम पैरों द्वारा।

बतलाओ, वह कौन नहीं जो हमसे हारा,
पर शरणागत हुआ कहाँ, कब हमें न प्यारा?
बस, युद्ध मात्र को छोड़कर
कहाँ नहीं हैं हम सदय?
फिर एक बार हे विश्व! तुम
गाओ भारत की विजय॥

कारणवश जब हमें क्रोध कुछ हो आता है,
अवनि और आकाश प्रकंपित हो जाता है।
यही हाथ वह कठिन कार्य कर दिखलाता है
स्वयं शौर्य भी जिसे देखकर सकुचाता है
हम धीर, वीर, गंभीर हैं।
है हमको कब कौन भय?
फिर एक बार हे विश्व! तुम
गाओ भारत की विजय॥

चंद्रगुप्त सम्राट हमारे हैं, बलधारी,
सिल्यूकस की सर्व शक्ति है जिनसे हारी।
जिनका वीर्य्य विलोक मुग्ध मन में हो भारी,
पहनाई जयमाल जय-श्री ने सुखकारी।
हे हरि! गुंजित हो स्वर्ग तक
यह विजय-ध्वनि हर्षमय,
फिर एक बार हे विश्व! तुम
गाओ भारत की विजय॥

ताल दे उठी अहा! प्रतिध्वनि इस कीर्तन में, हुई
यही ध्वनि व्योम, शैल, नद, नगर, विजन में।
दो सहस्र से अधिक हो गए यद्यपि वत्सर, पर
विलीन हो सकी नहीं वह ध्वनि-श्रुति-सुखकर।
गावेंगे ऐसे गीत हम
क्या फिर और किसी समय?
फिर एक बार हे विश्व! तुम
गाओ भारत की विजय॥

***

जय हिंद

-सियाराम शरण गुप्त

जय-जय भारतवर्ष हमारे, जय-जय हिंद, हमारे हिंद,
विश्व-सरोवर के सौरभमय प्रिय अरविंद, हमारे हिंद!

तेरे स्रोतों में अक्षय जल, खेतों में हैं अक्षय धान,
तन से, मन से श्रम-विक्रम से है समर्थ तेरी संतान!

सबके लिए अभय है जग में, जन-जन में तेरा उत्थान,
बैर किसी के लिए नहीं है, प्रीति सभी के लिए समान!

गंगा-यमुना के प्रवाह है अमल अनिंध, हमारे हिंद,
जय-जय भारतवर्ष हमारे, जय-जय हिंद, हमारे हिंद!

तेरी चक्र पताका नभ में, ऊंची उड़े सदा स्वाधीन,
परंपरा अपने वीरों की शक्ति हमें दे नित्य नवीन।

सबका सुहित हमारा हित है, सार्वभौम हम सर्वजनीन,
अपनी इस आसिंधु धरा में नहीं रहेंगे होकर हीन!

ऊंचे और विनम्र सदा के हिमगिरि, विंध्य, हमारे हिंद,
जय-जय भारतवर्ष हमारे, जय-जय हिंद, हमारे हिंद!

***

हे भारत माता, नमस्कार

-शंकरलाल सक्सेना

हे भारत माता, नमस्कार! तेरे कण-कण से हमें प्यार!

तेरी नदिया गंगा, यमुना, कृष्णा औ' कावेरी,
चंबल, ब्रह्मपुत्र-सब मिलकर गाती है जय तेरी।
धवल हिमालय मुकुट और विध्यांचल तेरा कंठहार!

तेरा जल अमृत-जैसा है, तेरी मिट्टी है सोना।
तेरे हित ही जीना हमको, तुझ पर ही बलि होना!
तेरे चरणों को सदियों से सागर रहा पखार!

***

मेरा देश

-नवरत्न, गिरधर शर्मा

मेरा देश, देश का मैं, देश मेरा जीवन-प्राण,
मेरा सम्मान मेरे देश की बड़ाई में।
जिऊंगा स्वदेश-हित, मरूंगा स्वदेश काज
देश के लिए कभी न करूंगा बुराई मैं।।

भीषण-भयंकर प्रसंग में भी भूल के भी,
भूलूंगा न देश हित राम की दुहाई में।
जब लौं रहेगी सांस, सर्वस्व भी लगा दूंगा,
ईश को भी झुका लूंगा देश की भलाई में।।

चर्चा जहां देश की हो, मेरी जीभ खुले वहीं,
और नहीं खुले कभी खुदा की खुदाई में।
मेरे कान गान सुनें साँचे देश भक्तन के,
और गान आवें कभी मेरी ना सुनाई में।।

मेरे अंग रंग चढ़े एक देशप्रेम को ही,
और रंग भंग हो के बूड़ें, जा तराई में।
मेरो मन, मेरो तन, मेरो धन, मेरो जीव,
मेरो सब लागै प्रभु, देश की भलाई में।।

***

हिन्द हमारा

- रामचरित उपाध्याय

आदि सभ्य है कौन मही पर,
जिसका जोड़ा नहीं कहीं पर,
कौन देश है सबसे प्यारा, हिन्द हमारा, हिन्द हमारा।

अपना बल वैभव दिखलाकर,
सबको सकल कला सिखलाकर
कौन बना त्रिभुवन का तारा? हिन्द हमारा...

पशुवत जब मानव रहते थे,
नाना क्लेश सदा सहते थे,
कौन हुआ तब विश्व-सहारा? हिन्द हमारा...

नटवर-सी क्रीड़ा करने को,
सज्जन की पीड़ा हरने को,
कौन ईश का बना दुलारा? हिन्द हमारा...

विद्या, विनय, दया में, नय में,
कृतज्ञता में, पुण्य प्रणय में,
कौन किसी से कभी न हारा? हिन्द हमारा...

कौन सुरों का भी रक्षक था?
और असभ्यों का शिक्षक था
कौन न छूता था पर दारा? हिन्द हमारा...

रहा प्रथम सुरपुर से बढ़कर,
कौन? अविद्या में पड़कर,
फिरता है हा मारा मारा, हिन्द हमारा...

रोग शोक घर के झगड़ों से,
नए-नए मत के रगड़ों से,
कौन न पाता है छुटकारा? हिन्द हमारा...

निज भाषा से कौन विमुख है,
कौन अनेकों सहता दुख है,
कौन बना है आज बेचारा? हिन्द हमारा...

***

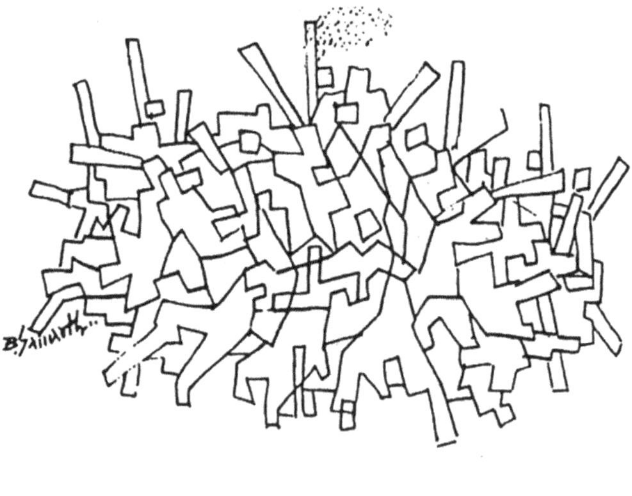

हे जन्म भूमि भारत !

-आरसीप्रसाद सिंह

हे जन्म भूमि भारत, हे कर्म भूमि भारत,
हे वन्दनीय भारत, अभिनन्दनीय भारत,
जीवन-सुमन चढ़ाकर आराधना करेंगे,
तेरी जनम-जनम भर हम वन्दना करेंगे,
हम अर्चना करेंगे।

महिमा महान तू है, गौरव-निधान तू है,

तू प्राण है हमारा, जननी-समान तू है,
तेरे लिये जियेंगे, तेरे लिये मरेंगे,
तेरे लिये जनम भर, हम साधना करेंगे,
हम अर्चना करेंगे।

जिसका मुकुट हिमालय जग-जगमगा रहा है,
सागर जिसे रतन की अंजलि चढ़ा रहा है,
वह देश है हमारा, हम गर्व से कहेंगे,
उस देश के बिना हम जीवित नहीं रहेंगे,
हम अर्चना करेंगे।

***

यह हमारा वतन

-नाज़ कश्मीरी

यह हमारा वतन है, हमारा वतन,
है हमें जान से भी यह प्यारा वतन।
यह हमारा वतन!

इसके हर फूल में ताजगी देख लो,
इसके हर पात में जिन्दगी देख लो।
इसकी कलियों में जीवन का संगीत है,
इसकी हर शाख पे चांदनी देख लो।

यह हमारा चमन है, हमारा चमन,
हर तरह के गुलों से सारा चमन।
यह हमारा वतन!

इसके पूरब में टेगौर का बंग है,
इसके पश्चिम में मेवाड़ का रंग है,
इसके उत्तर में कश्मीर की वादियाँ,
इसके दक्खन में मदरास का ढंग है।

बह रहे जिसके दामन में गंगो-जमन,
जिनकी लहरों से भीगे सभी का बदन।
यह हमारा वतन !

है ये मोती की धरती, जवाहर का घर,
है ये गांधी की बस्ती, अमर का नगर।
और बहादुर से इसके कई लाल हैं,
ये भगतसिंह जैसे शहीदों का दर।

दुर्गा लक्ष्मी व इंदिरा का है ये सपन,
इसकी आजाद नदियां हैं, आज़ाद बन ।
यह हमारा वतन!

कृष्ण ने कर्म का गीत गाया जहां,
राम की जिसमें मर्यादा का है निशां।
जिसके कण-कण में गौतम की तासीर है,
खल्क में जिसको कहते हैं हिंदोस्ताँ।

जिसकी माटी को करते हैं हम सब नमन,
जन्म लें फिर इसी में, सभी का है मन।
यह हमारा वतन!

ईद, होली, दिवाली मनाता हैं जो,
गीत पोंगल बिसारति के गाता है जो।
जिसकी क्रिसमस में हों बूढ़े-बच्चे-जवाँ
मिलके रहना सभी को सिखाता है जो।

एक होने की जिसमें सभी को लगन,
अपने-अपने त्योहारों में जो हैं मगन।
यह हमारा वतन!

दोस्तों के लिए जो मददगार है,
दुश्मनों के लिए तेज़ तलवार है।
यह तो मजलूमों दुखियों का है पासबाँ,
सरहदों पे हमेशा ये हुशियार है।

हर सिपाही-जवांमदं जिसका है धन,
जिसका मशहूर है जौहरो-बाँकपन।
यह हमारा वतन!

***

अपनी आजादी को हम...

-शकील बदायूंनी

अपनी आजादी को हम, हरगिज़ मिटा सकते नहीं,
सर कटा सकते हैं लेकिन, सर झुका सकते नहीं।

हमने सदियों में ये, आजादी की नेमत पाई है,
सैकड़ों कुर्बानियां देकर, ये दौलत पाई है।
मुस्कराकर खाई हैं, सीनों पे अपने गोलियाँ,
कितने वीरानों से गुजरे हैं, तो जन्नत पाई है।
खाक में हम अपनी इज्जत को मिला सकते नहीं।

ये हमारे ऊंचे पर्वत, ये हमारी नदियाँ,
ये हमारी मुस्कराती, लहलहाती खेतियां।
इनपे डालेगा कोई दुश्मन अगर नजरें बुरी,
हमतो उस ज़ालिम की रख देंगे उड़ा कर धज्जियां।
आबरू अपने बतन की हम गवां सकते नहीं।

दुश्मनों के हम हैं दुश्मन, यारों के हम यार हैं,
अमन में फूलों की डाली, जंग में तलवार हैं।
जिस किसी में हौसला हो आजमाकर देख ले।
जिन्दगी के वास्ते, मरने को हम तैयार हैं।
बढ़ चुके हैं जो कदम, पीछे हटा सकते नहीं।

वक्त की आवाज के हम, साथ चलते जायेंगे,
हर कदम पर जिंदगी का रुख बदलते जायेंगे।
गर वतन में भी मिलेगा, कोई गद्दारे वतन,
अपनी ताकत से हम उसका, सर कुचलते जायेंगे।
एक धोखा खा चुके हैं, और खा सकते नहीं।

हम वतन के नौजवाँ हैं, हम से जो टकराएगा,
वो हमारी ठोकरों से, खाक में मिल जाएगा।
वक्त के तूफान में बह जाएंगे जुल्मोसितम,
आसमां में ये तिरंगा, उम्र भर लहराएगा।
सर कटा सकते हैं लेकिन, सर झुका सकते नहीं।

***

देश के हम सैनिक हैं वीर

-जगन्नाथ प्रसाद 'मिलिन्द'

हम सैनिक हैं वीर, देश के हम सैनिक हैं वीर।
पर्वत से ऊंचे गौरव में सागर से गम्भीर,
हम अजेय हैं सुदृढ़, साहसी, हम निर्भय, रणधीर।

प्राण हमारे ज्योति पुंज हैं, शक्ति-समृद्ध शरीर,
हम सैनिक हैं वीर, देश के हम सैनिक हैं वीर।

जय पथ पर हम चरण बढ़ाते, बाधायें कर पार,
घनगर्जन लज्जित हो जाता, जब भरते हुंकार।
कभी न पीछे हटे समर में, कभी न सीखी हार,
करता है सम्मान हमारे, पौरुष का संसार।

हम से रक्षित संस्कृति, भू-गिरि, सिन्ध, अन्न, नभ, नीर,
हम सैनिक हैं वीर, देश के हम सैनिक हैं वीर।

कष्ट-सहन में भी रखते हम, अधरों पर मुसकान,
उर में दृढ़ संकल्प, स्फूर्ति-पद कंठों में जय-गान,
लक्ष्य-सिद्धि के लिये किये जो प्राणों के बलिदान,
उनसे हमने सदा बढ़ाया, भारत का सम्मान।

अनुशासन-रत रहे निरन्तर हुये न कभी अधीर,
हम सैनिक हैं वीर, देश के हम सैनिक हैं वीर।

***

हिन्द का जवान लाख-लाख के समान है

-गिरिधर गोपाल

हिन्द का जवान लाख-लाख के समान है।
आंधियों से बिजलियों-बबंडरों से यह बना,
बाढ़ से अंगार से, समन्दरों से यह बना,
देश की कमान से, चला अमोघ बाण है।

यह चला कि ज़लज़लों का एक काफिला चला,
शक्ति-शौर्य, जय-विजय का एक सिलसिला चला,
यह हमारे रक्त का प्रलय भरा उफान है।

यह हंसा बहार मुस्करा उठी सहर हुई,
यह कुपित हुआ कि मौत दुश्मनों के सर हुई,
हिन्द का झुके न जो, बुलन्द ये निशान है।

हम को इस पे नाज़ है, सपूत यह महान है,
इसकी गोद में खिला, गुलाव-सा जहान है।
यह हमारी आन-बान, शान-स्वाभिमान है।

***

ये देश है वीर जवानों का

-साहिर लुधियानवी

ये देश है वीर जवानों का, अलबेलों का मस्तानों का।
इस देश का यारो क्या कहना, ये देश है दुनिया का गहना।

यहाँ चौड़ी छाती वीरों की, यहाँ भोली शकलें हीरों की।
यहाँ गाते हैं रांझे मस्ती में, मचती हैं धूमें वस्ती में।

पेड़ों पे कतारें झूलों की, राहों में कतारें फूलों की।
यहां हँसता है सावन बालों में, खिलती हैं कलियाँ गालों में।

कहीं दंगल शोख जवानों के, कहीं करतब तीर-कमानों के।
यहाँ नित-नित मेले सजते हैं, नित ढोल और ताशे बजते हैं।

दिलवर के लिये दिलदार हैं हम, दुश्मन के लिये तलवार हैं हम।
मैदां में अगर हम डट जायें, मुश्किल है कि पीछे हट जायें।

***

राष्ट्र-ध्वज तना रहे

-ताराचंद पाल 'बेकल'

ज्योति-नग बना रहे।
राष्ट्र-ध्वज तना रहे।
वीर हर जवान हो,
सिंह के समान हो,
कार्यक्रम देश के,
देश के संदेश के,
हों सफल प्रत्येक पल,
राष्ट्र कार्य में अटल,
चेतना नवीन हो,
हर कोई प्रवीण हो,
वक्ष तान-तान कर,
वायु के समान स्वर,
जय कहैं स्वदेश की,
देश के संदेश की,
सत्य पथ प्रयाण हो,
भव्य भावना रहे।
ज्योति-नग बना रहे।
राष्ट्र-ध्वज तना रहे।

कर्म के संकेत पर,
छाए खेत-खेत पर,
शस्य की विभा नयी,
स्वर्ण-सी प्रभा नयी,

प्राण में पुलक भरे,
एक नव झलक भरे,
मंजिलों के गीत हों,
प्रेरणा-संगीत हों,

शान से बढ़े चलो,
गिरि-शिखर चढ़े चलो,
काफिला रुके नहीं,
और ध्वज झुके नहीं,

शक्ति-साधना रहे।
नव्य कामना रहे।।

ज्योति-नग बना रहे।
राष्ट्र-ध्वज तना रहे।।

***

अनेकता में एकता

-विनोदकुमार उइके "दीप"

श्री धरा, वसुन्धरा, धरा में जो महान है;
वही है मेरा देश कि, हिमाला जिसकी शान है।

केशर की क्यारियां लिए
कश्मीर कितना शांत है,
उत्तर की नदियों में
हिमपात, पात-पात है
सिंधु की साधना का भी होता जहां सम्मान है।
वही है मेरा देश कि, हिमाला जिसकी शान है।

पंच पावनी लिए ये
झूमता पंजाब है
हरित धरा, धरा पे ये
धरा भी, लाजवाब है,
धरा है, ये धरा कि, हीरे मोतियों की खान है;
बही है मेरा देश कि, हिमाला जिसकी शान है।

गंगा का नीर, नीर क्या-
है क्षीर सुप्त-साधना,
यमुना की कालिमा में
शेष, कृष्ण की है वेदना,

रेवा की पुण्याई पर, पुलकित असीम वितान है;
वही है मेरा देश कि, हिमाला जिसकी शान है।

विंध्य क्या तना कि साथ
सतपुड़ा पठार है,
स्नेह से स्नात गात
नर्मदा कछार है,
दक्षिण के मन्दिरों के देवता भी प्राणवान है;
वही है मेरा देश कि हिमाला जिसकी शान है।

बोलियां अलग-अलग
औ' प्रान्त भिन्न-भिन्न हैं,
जात-पात धर्म अरु
पंथ भिन्न-भिन्न हैं,
अनेकता में एकता का प्यारा ये गुलदान है;
वही है मेरा देश कि, हिमाला जिसकी शान है।

***

अपना देश संवारे हम

-श्रीकृष्ण 'सरल'

अपना देश सँवारे हम।
अपनी इस पावन धरती का, आओ रूप निखारें हम।
अपना देश सँवारें हम।

नए सृजन के संवाहक हम
प्रगति-पंथ के राही हैं,
हम प्रतिबद्ध पहरुए युग के
हम सन्नद्ध सिपाही हैं।
जो भी मिले चुनौती, उत्तर दें, उसको स्वीकारें हम।
अपना देश सँवारें हम।

कर्म, हमारे बने कुदाली
कर्म हलों के फाल बनें
कर्म, बनें तलवार शत्रु को
कर्म, देश की ढाल बनें
नए भगीरथ बन, वैचारिक गंगा नई उतारें हम।
अपना देश सँवारें हम।

हमें देश की रक्षा करनी है
प्रतिकूल हवाओं से,
हमको है घर-द्वार सजाने
नई-नई आशाओं से।

अंधकार से जूझ, देश की गली-गली उजियारे हम
अपना देश सँवारें हम।

हम प्रतिरूप नए युग के हैं
सूरज नूतन क्षमता के
नए क्षितिज के अन्वेषी हम
पोषक हम जनसमता के।

अपना, सबका, मानवता का मिल-जुल पंथ बुहारें हम।
अपना देश सँवारे हम।

***

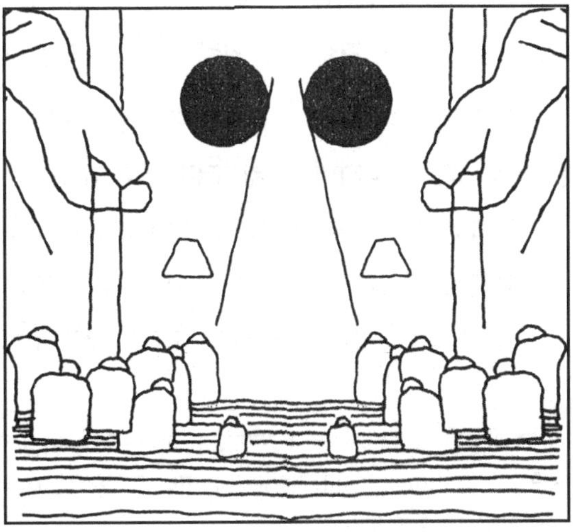

कौमी तराना

- जलील साज

है जिस पर नाज़ मुझको, जो है मेरा पासबां[1] यारों
यही वह देश है-हां है यही हिन्दोस्तां यारों।
यहां का जर्रा-जर्रा हामिले-राजे-मोहब्बत[2] है
यहां हर सिम्प रक्स्सन्दा[3] मसर्रत ही मसर्रत[4] है
यहां का चप्पा-चप्पा रु-कशे-खुल्दे-लताफत[5] है

है जिस पर नाज़ मुझको जो है मेरा पासबां यारों
यही वह देश है-हां है यही हिन्दोस्तां यारों।
मोहब्बत ही मोहब्बत की यहां पर हुकमरानी[6] है
यहां ऐशो-मसर्रत है, खुशी है, शादमानी[7] है
यहां के दिन सुहाने हैं, यहां की शब सुहानी है

है जिस पर नाज़ मुझको जो है मेरा पासबां यारो
यही वह देश है—हां है यही हिन्दुस्तां यारों।
यहां होती है हरदम निकहतो-अनवार[8] की बारिश
यहां पर मुस्कराती है महो-खुर्शीद[9] की ताबिश[10]
मोहिय्या[11] है यहां हर तरह का आरामों-आसाईश[12]

---

1. रक्षक, 2. स्नेहिल अनुभूतियों को अभिव्यक्त करना, 3. नृत्य मग्न, 4. प्रसन्नता, 5. स्वर्गिक आनन्द, 6. शासन, 7. प्रसन्नता, 8. प्रातः समीर एवं भोर की किरणें, 9. चांद और सूरज, 10. चमक, 11. उपलब्ध, 12. सुख-चैन।

है जिस पर नाज़ मुझको जो है मेरा पासबां यारों
यही वह देश है हां है यही हिन्दोस्तां यारों।

यहां फितरत बख्शती है सुरुरो-कैफ[13] के सागर
यहां हासिल है हर लुत्फ़ो-निशात ज़िन्दगी परवर
यहां जन्नत के नज्जारे यहां दिलकश हसीं मन्जर

है जिस पर नाज़ मुझको जो है मेरा पासबां यारों
यही वह देश है- हां है यही हिन्दोस्तां यारों।

यहां के लोग आपस में हरेक ग़म बांट लेते हैं
गुरुरों-तमकनत[14] जाहो-हश्म[15] से दूर रहते हैं
कयूदे-मज़हबे[16]-दैरो-हरम[17] से दूर रहते हैं

है जिस पर नाज मुझको, जो है मेरा पासबां यारों
सदा इस जग में जो बनकर रहा जन्नत निशां यारों।

***

---

13. उन्माद , 14. व्यर्थ का दिखावा , 15. वैभव प्रदर्शन , 16. धर्म के मेरे में , 17. मन्दिर मस्जिद।

मेरे प्यारे वतन

-डॉ. निहाल ताबां कानपुरी

मेरे प्यारे वतन' मेरे प्यारे वतन,
तेरी धरती को झूला झुलाये गगन।
तेरी मिट्टी की खुशबू मेरे गीत में,
तेरे झरनों की लय मेरे संगीत में,
इत्र का मजमुआ है तेरा पेरहन–
मेरे प्यारे वतन। मेरे प्यारे वतन।
परवतों पर विराजे हुए देवता,
बरगदी छाओं में साधुओं की कथा,
तुझसे जिन्दा है तहजीब का बांकपन
मेरे प्यारे वतन। मेरे प्यारे वतन।
गांव के छप्परों से निकलता धुआं,
शाम बैलों की बजती हुई घण्टियां,
गीत बन-बन के उड़ती है सारी थकन
मेरे प्यारे वतन। मेरे प्यारे वतन।
लब हिलाएं तो गीता का उपदेश दे,
आंख खोलें तो गौतम का संदेश दे,
बातों-बातों में मीरा के गाये भजन,
मेरे प्यारे वतन। मेरे प्यारे वतन।

सर है ताज-ए-हिमालय संभाले हुए,
पांवो बे लंका की पाजेंब डाले हुए,
जिस्म की ज्योति से भीख मांगे किरण,
मेरे प्यारे वतन। मेरे प्यारे वतन।

खुशबुओं से महकता है तेरा सहर,
निद्दियां है तेरी आइनों का नजर,
तेरी जुल्फो से महकती है फिकरे सुखन,
मेरे प्यारे वतन। मेरे प्यारे वतन।

तेरी उल्फत है दिल की हरारत मेरी,
तेरी इज्जत से कायम इज्जत मेरी,
तेरे ऊपर निछावर मेरे जाने-वसे-तन
मेरे प्यारे वतन। मेरे प्यारे वतन।

***

आजादी के दीवानों

-राजेन्द्र पटोरिया

आजादी के दीवानो, स्नेह-शमां के परवानो
तुमको मेरा सलाम साथियों। तुमको मेरा सलाम।

अग्नि वृष्टि पीकर निरन्तर
अधिक सप्राण बन जाने वाले
उन्मादित क्रूरता के हाथों
भला कहां तुम आने वाले
भोर के सूरज जैसे जिनका चमके सदा ललाम,
साथियों तुमको मेरा सलाम।

दानवता तक दहल गया था
देख तुम्हारी कर्मठता,
और पाशविकता नत मस्तक
हो, ताक रहा था अल्हड़ता,
तेजस्वी अस्तित्व तुम्हारा स्वयं है मुक्ति-धाम,
साथियों तुमको मेरा सलाम।
अपने लहू से सींच के धरती
को भी, स्वर्ग बना डाला
और अश्रुओं को ही अपने
समझ रहे थे मधुबाला

मातृभूमि की बलिवेदी पर किए निछावर प्राण,
साथियों तुमको मेरा सलाम।

मानवता की रक्षा हेतु
स्वयं सूली पर चढ़ गए तुम
अजय सूर्य बनकर, दुश्मन के-
हृदय, फांस सा गढ़ गए तुम
शक्ति के तुम प्रखर पुंज और मर्यादा के राम,
साथियों तुमको मेरा सलाम।

***

गीतों के बंजारे

-हनुमंत मनगटे

जब भी चंगेजी सपने, सीमा पर जनमते हैं,
गीतों के बंजारे सर कफन बांधकर चलते हैं,

हर कविता से जनमेगी झांसी की रानी,
गीतों की हर पंक्ति बनेगी आज भवानी,
उपन्यास के पन्ने-पन्ने बन जावेंगे राणा,
लघुकथा के सब शब्द बनेंगे रजिया सुल्ताना,
नापाक दरिन्दे मां पर जब आंख उठाया करते हैं,
कफन बांध सर से कायर खूब गरजते हैं।

भोजपत्र भी बने कफन अर्पण करते तन,
कवि के विद्रोही स्वर बन जाते भूषण,
रण में जाता कवि जब बरदाई बनकर,
खड्ग कलम ले दोनों हाथों जब मचला करते हैं,
दुश्मन की लाशों से तब युद्ध क्षेत्र पटते हैं।

क्या मुखौटे ताक रहे हैं ये चंगेज हलाकू,
आजादी के दुश्मन हैं ये मानवता के डाकू,
गीता के पन्नों का देखो आया वक्त पलटने का,
जहरीले सांपों के फन को आया वक्त कुचलने का,

सांपों के हम जादूगर, दूध पिलाया करते हैं,
वक्त पड़ा तो नाग कालिया भी नाथा करते हैं।

कौटिल्य शास्त्र और बुद्ध-धर्म-संघ की भाषा
कितनी सीधी और कठिन है भारत की परिभाषा
युद्ध अमन की दी थी हमने जिसको दीक्षा
भिक्षा के शस्त्रों से वह देता हमको भी शिक्षा
एक हाथ में रणचंडी का खप्पर लेकर चलते
हैं और दूसरे में प्रियदर्शी का बुत थामा करते हैं।

***

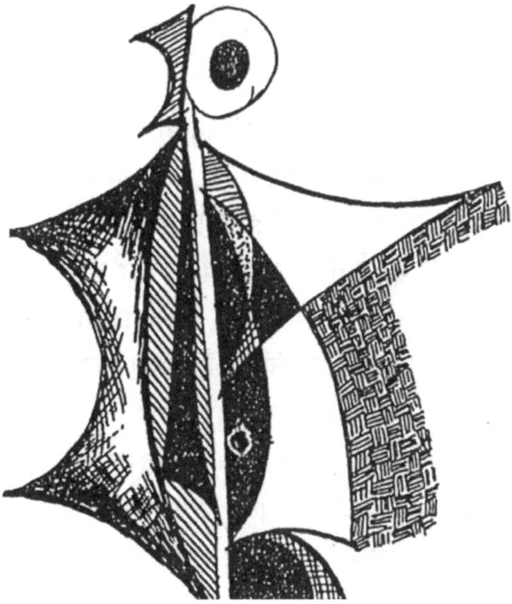

हिमालय

-सं.रा. धरणीधर

कलम हिमालय हाथ उठाकर, जमुना की लेकर के स्याही
लिखी वक्त ने गजल मुसलसल[1], खुद को मैंने आज सुनाई।
वेदों के श्लोक पढ़ो या, या कुरान की कोई आयत
दोनों में है एक नसीहत[2], दोनों में है एक सच्चाई।
मंदिर-मस्जिद-गुरुद्वारे सब, आदम की है सिज़दागाहें[3]
आदम ही है हिन्दु मुस्लिम आदम ही तो है ईसाई।
नफरत की मत आग लगाओ मत वहशत खाई खोदो,
मजहब वालो चलो प्यार से, हर मजहब ने राह दिखाई।
हर मजहब की खुशबू देता, धरती पर ये भारत मेरा
ऐसे भारत-भू की मैंने, माथे अपने धूल लगाई
कन्या से कश्मीर हमारा, पावन कितना है घर सारा
देहरी-देहरी मंदिर मस्जिद, आंगन-आंगन है गुरुद्वारा।
गंगा-यमुना दूध पिलाकर मां ने हमको समझाया है
हिन्दू-मुस्लिम-सिख-ईसाई, आपस में हो भाई चारा।
मजहब तो है राहें रबकी, लिए रोशनी चलते चलिये,
धर्म-ग्रंथ सब कंदिले हैं, गीता हो या शब्द हजारा।
मदरासी-पंजाबी सारे ऊपर की ये पोषाखें हैं
चाक-जिगर करके देखो तो सुर्ख सभी में खून हमारा।
अमृतसर का पाक सरोवर, ज़म-ज़म या कृष्णा का पानी
गहरे पैठो तो दिखता है, एक सभी का अक्स हमारा।

---

1. लगातार; 2. सलाह; 3. पूजास्थल ;

***

मेरी धरती

-भैयाल्क्ल व्यास

मेरी धरती तुझसे हमको मिले बहुत वरदान हैं।
सिन्दूरी सुषमा से तेरे होते स्वर्ण विहान हैं।।

सूरज तिलक लगाता तुझको चन्दा फेरे आरती।
भारत कपी भूमी सचमुच ही टू भारत की भारती।।
मानवता की मनो भूमि पर पलते तेरे प्राण हैं...

हरियाली के गरव गलीचे तोषक जैसी झाड़ियाँ।
सरितारों की सरल तरलता उन्नति बनी पहाड़ियाँ।।
नेह भरे नाते हैं तेरे वैभव भरे वितान हैं...

माटी से मन्दिर बनते हैं पानी से इतिहास है।
पूजन-अर्चन आराधना का अन्तिम पग संन्यास है।।
तेरी महिमा से शरमाते दुनिया के उत्थान हैं...

कर्म प्रधान विश्व की रचना धर्मों की आगार है।
त्याग-तपस्या के सच तेरे लेता यह संसार है।।
तेरे ऊपर सदा निछावर गीता के गुरु ज्ञान हैं...

तपोभूमि है तू संतों की मुनियों की मनुहार है।
माता मेरी तुझे एक से नहीं-सभी से प्यार है।।
तेरी ममता से चन्दन के महक रहे उद्यान हैं...

बच्चे यहाँ सिंह से खेलें बूढ़े तप से, त्याग से।
गंगा-यमुना मिलती रहतीं सरस्वती के भाग्य से॥
हर तीरथ के तेवर उजले चारों धाम महान हैं...

जन्मभूमि तेरे बालक ही राम सरीखे वीर हैं।
कृष्ण-कन्हैया से अवतारी अर्जुन से रणधीर हैं॥
वाणी की वीणा से निकले तेरे गीत प्रधान हैं...

बचपन सी मुस्कान सँजोये तेरा सहज स्वभाव है।
नवरस में तेरे जीवन का भाव और अनुभाव है॥
तू संस्कृति का सार-काव्यमय तेरे सकल विधान हैं...

नारी दुर्गा है-देवी है कोमल अधिक उदार है।
अमर लिये आशीष साथ में भर देती भण्डार है॥
मातृशक्ति के सभी रूप ये ईश्वरीय अनुदान हैं...

मेरी धरती तुझसे हमको मिले बहुत वरदान हैं।
सिन्दूरी सुषमा से तेरे होते स्वर्ण विहान हैं॥

***

सोज़े-वतन

-डॉ. नारायण सिंह 'गाफ़िल'

इक शान हो जीवन में, दिलो-जां में तपन हो
रग रग में हमारी यूं खाँ सोज़े-वतन हो।

भाषा हो कोई, रंग कोई, धर्म हो कोई
इक मां के सूपतों में मुहब्बत का चलन हो।

हम-दर्द हों आपस में सभी धर्मों के हामी
काँटा लगे हिन्दू को, मुसलमाँ को चुभन हो।

हम खुद को रखें बाद में और देश को पहले
खुशहाल हों हम, देश भी खुशियों का चमन हो।

किस चीज़ की मोहताज है तकदीर हमारी?
सोने की ज़मी है, ज़रा मेहनत की लगन हो।

दुनिया में कोई है जो नज़र हमसे मिलाए?
गर एक हों हम, एक ही तन एक ही मन हो।

"गाफ़िल" की तमन्ना तो यही है मेरे मौला
आसन पे नमाज़ और मुसल्ले पे भजन हो।

***

अग्निपथ

-हरिवंशराय बच्चन

अग्निपथ! अग्निपथ! अग्निपथ!
वृक्ष हों भले खड़े
हों घने हों बड़े
एक पत्र छांह भी
मांग मत! मांग मत! मांग मत!

तू न थकेगा कभी
तू न थमेगा कभी
तू न मुड़ेगा कभी
कर शपथ! कर शपथ! कर शपथ!

यह महान दृश्य है
चल रहा मनुष्य है
अश्रु-स्वेद-रक्त से
लथ पथ! लथ पथ! लथ पथ!
अग्निपथ! अग्निपथ! अग्निपथ!

***

भारतभूमि हमारी

-माधव शुक्ल

भारतभूमि हमारी भई, भारतभूमि हमारी।
और न कोई इस मंदिर का हो सकता है अधिकारी;
भारतवासी ही हम इसके रक्षक और पुजारी।
भाई, भारतभूमि हमारी ॥

आज जो यह तुम देख रहे हो महलें और अटारी;
लगा रक्त का गारा इनमें तन की ईंट हमारी।
भाई, भारतभूमि हमारी ॥

तन-मन देकर हमने सजाई यह सुंदर फुलवारी;
फूल सूंघ लो पर न तोड़ना मर्जी बिना हमारी।
भाई, भारतभूमि हमारी ॥

जग सर बिच यह नील कमल सम विकसित मुनि-मन हारी;
हम तिसके मधु पीवनहारे कारे भ्रमर सुखारी।
भाई, भारतभूमि हमारी॥

रत्नवती इस वसुंधरा के इक हम ही भंडारी;
'माधव' इस यशुमति के सुत हम कृष्ण, गोप, हलधारी।
भाई, भारतभूमि हमारी ॥

***

वन्दना

- भगवतीचरण वर्मा

जगत-जननि जग-तारिनि वन्दे!
हे सुख - दुख - स्वच्छन्दे!

जीवन की पुलकित आशा हो, विभव-युक्त विश्वास,
तुम्ही मृत्यु की मौन निराशा, तुम संशय का वास।
आदि शक्ति हो, अटल भक्ति हो, तुम अनुरक्ति विकास;
देवि सृष्टि हो और प्रलय हो, करुणा हो, उल्लास!

जय काली जय काली वन्दे !
सृजन - विजन - स्वच्छन्दे !

तुम संध्या की निखिल कालिमा देवि अन्त की रात,
तुम प्रभात का धुंधला-पन हो दिन जिसका प्रतिघात।
है अभेद्य अस्तित्व तुम्हारा अन्धकार अज्ञात,
शून्य वास्तिमय और अस्तिमय तुम अनन्त हो मात!

***

मन समर्पित - तन समर्पित

-रामावतार त्यागी

मन समर्पित, तन समर्पित,
और यह जीवन समर्पित,
चाहता हूँ, देश की धरती तुझे कुछ और भी दूँ!
माँ! तुम्हारा ऋण बहुत है, मैं अकिंचन
किन्तु इतना कर रहा फिर भी निवेदन,
थाल में लाऊँ सजाकर भाल जब
स्वीकार कर लेना दया कर वह समर्पण!
गात अर्पित, प्राण अर्पित,
रक्त का कण-कण समर्पित,
चाहता हूँ, देश की धरती तुझे कुछ और भी दूँ!
माँझ दो तलवार को, लाओ न देरी
बाँध दो कसकर कमर पर ढाल मेरी,
भाल पर मल दो चरण की धूल थोड़ी
शीश पर आशीष की छाया घनेरी!
स्वप्न अर्पित, प्रश्न अर्पित।
आयु का क्षण-क्षण समर्पित,
चाहता हूँ देश की धरती तुझे कुछ और भी दूँ!
तोड़ता हूँ मोह का बन्धन, क्षमा दो
गाँव मेरे, द्वारा-घर-आँगन, क्षमा दो,
आज सीधे हाथ में ध्वज को थमा दो!
ये सुमन लो, यह चमन लो
नीड़ का तृण-तृण समर्पित,
चाहता हूँ, देश की धरती तुझे कुछ और भी दूँ!

पुण्य भारत भूमि

--राजेन्द्र शाह

जयति जय जय पुण्य भारत भूमि, सावर शुभ्र अम्बर।
जयति जय जय ऋतु नियंता, जय विधाता, शंभु शंकर।
जय उदयगिरि पर मनोहर तेजपूरित
उदित स्वर्णिम सूर्य है।
जय समुज्ज्वल चांदनी से धवल यामिनी
विधु सुधारस पूर हे।
जयति जय जय दिव्य सज्जन, सन्त द्युतिधर, मुदित किन्नर।
जयति जय जय पुण्य भारत भूमि, सागर, शुभ्र अम्बर।
सत्य, पावन चित्त, धार्मिक प्रवृत्तियाँ
निर्मल निरालय कर्म है।
सत् समन्वित बुद्धिमन, निश्शंक
संग-निसंग, प्रेमी मर्म हे।
जयति जय जय पूर्ण मोहोन्मुक्त जीवन, सुगति मंथर।
जयति जय जय पुण्य भारत-भूमि, सागर, शुभ्र अम्बर।
जयति जय-जय निम्न-उन्नत, क्षुद्र और
विराट संतति सर्व है।
जयति भूत भविष्य-अनरक्षण मोदपरित
नित्य नूतन पर्व है।
जयति जय जय गत-अनागत, क्षण विवर्तन नित निरन्तर।
जयति जय जय पुण्य भारत-भूमि, सागर, शुभ्र अम्बर।

***

हे विश्व वन्य-भारत भूतल

-मनोविनोद

हे विश्व वन्द्य! भारत भूतल।
हे तपोभूमि! हे पुण्य-प्रबल॥
लेकर हीरक हारावलियाँ
करता है, सागर पद-वंदन।
बरसाकर नव किसलय कलियाँ
द्रुम दल करते हैं अभिनन्दन॥
स्वर्णिम किरणों से बालतरुण
करता है तव श्रृंगार सघन।
राका हिमकर कमनीय तरुण
करता है तेरा नीराजन॥
तेरा वर वेष अमित उज्ज्वल।
हे तपोभूमि! हे पुण्य प्रबल॥
महिमा तेरी सूरबालाएँ
गाती हैं आनन्दित होकर।
तेरी नैसर्गिक सुषमाएँ
पूजित हैं संदर्धित होकर ॥
तेरा आलोक अमिदूत अद्भुत
प्राचीन चिरन्तन है नूतन!
तेरा अक्षय सौन्दर्य सरल

करता है कैसा सम्मोहन!
हे अचल मुकुट, हे मुकुट अचल!
हे तपोभूमि! हे पुण्य-प्रबल॥

सीता सी सतियों के स्वदेश!
राघव से पतियों के स्वदेश!
यादव से यतियों के स्वदेश,
शुक से सद्गतियों कस स्वदेश!
गंगा यमुना की धाराएँ।
करतीं तव अभिषेक अमल!
मलयानिल है इतना सुरभित
पाकर तेरे यश का परिमल।
हे वंदनीय! हे शुद्ध, सरल!
हे रापोभूमि! हे पण्य-प्रबल!

तूने प्रकाश की एक किरण
दे किया विश्व-अज्ञान ध्वस्त।
तेरे चरणों में बार-बार
झुकता है भूमण्डल समस्त !
किसका भय है? तू है निर्भय,
आलोक हेतु-अनिवार्य भूमि !
औदार्य-भूमि, सत्कार्य भूमि
आचार्य भूमि, हे आर्य भूमि!
हे धैर्य धाम! हे धर्म-धवल।
हे तपोभूमि! हे पुण्य-प्रबल!!

***

मेरा प्रिय देश

अनवर साबर
अनुवादक: देवराज दिनेश

हे मेरे प्रिय देश भारत की सुघड़ सुन्दर घटा।
स्वर्ग ने सौन्दर्य अपना तेरे कण-कण में भरा।।

जब दिवाकर भाल हिमगिरि का विहँस कर चूमते।
सूरों के प्रति भाव पावन तब हृदय में झूमते।।

घाटियों को प्रकृति ने दी रूप की गहराइयाँ।
जैसे रामायण में तुलसीदास की चौपाइयाँ।।

प्रात काशी की झलकता जिसमें मरिमय का चरित्र।
सज्जनों की दृष्टि है जिस पर निछावर अति पवित्र।।

तेरे कसमों को प्रकृति ने दी है ऐसी छवि महान।
कल्पना टैगोर की मानों हुई है मूर्तिमान।।

यूँ तेरी गोदी में हँसते खिल रहे हैं मुख-कमल।
मानो मानव-रूप में है मिर्जा गालिब की ग़ज़ल।।

कोष हीरे मोतियों का है ये तेरे ओसकण।
चन्दन विभूषित कर रही मन्दाकिनी तेरा गगन।।

तेरा जादू आत्मिक अनुभूति पर है चल रहा।
भौ मधुर संगीत जीवन रागिनी पर ढल रहा।।

ताज का निर्माण तेरे शिल्पियों ने है किया।
साधुवाद जिन्हें जगत के श्रेष्ठ नयनों ने दिया।।

दृष्टि जिसकी बुरी तुझ पर पड़ी मारा गया।
वीर पुत्रों का तेरे जय-घोष सुन नभ गूंजता।।

समय आने पर सदा तू युद्ध हित तैयार है।
हिमकणों का रूप बनता दहकते अंगार हैं।।

वीर पत्रों की धरा तने दिया जरा को बता।
आंधियों में भी न तेरी ज्योति की बुझती शिखा।।

तेरा अपराधी सज़ा अपने किए की पाएगा।
जो मिटाना तुझको चाहेगा स्वयं मिट जाएगा।।

***

आराम हराम है

-आजाद साहू

युवक हृदय सम्राट पं. जवाहरलाल नेहरु द्वारा अनेकों बार प्रशंसित राष्ट्रीय गीत।
इसी गीत को सुनकर पंडितजी ने "आराम हराम है" नारा दिया।

आराम हराम है, काम करो-काम करो
ये नया पयाम है, काम करो-काम करो
सुबह करो शाम करो, काम करो-काम करो
आराम हराम है, काम करो-काम करो

ऊंचा हिमालय गहरा है सागर
नदियों का जाल बिछा रत्नों की गागर
मिट्टी में सोना खदानों में हीरा
ऐसे भारत को न बदनाम करो
काम करो, काम करो, काम करो
आराम हराम है, काम करो-काम करो।

अपने को समझो रे अपने को जानो
हिम्मत को ताकत को अब तो पहचानो
मेहनत का बदला ये मिल के रहेगा
बढ़-बढ़ के मुश्किलें आसान करो

काम करो, काम करो-काम करो
आराम हराम है, काम करो-काम करो

नई-नई धरती और नई कारखाने
तेरी ही राह देखते हैं दीवाने
तुझ को है आज नई दुनिया बसानी
उठते सूरज की पहचान करो
काम करो, काम करो, काम करो
काम करो, काम करो-काम करो

आराम हराम है, काम करो-काम करो

***

एकता का शंख बजे

-आजाद साहू

एकता का शंख बजे गूंजे हर स्वर
हर हर महादेव अल्लाहो - अकबर
जाति - धर्म - पंथ जो,
दिखते अनेक हैं।
जो देखो छान - बीन के,
सभी तो एक हैं।

खुली हुई सच्चाई को सुबूत का क्या डर...
हर हर महादेव अल्लाहो - अकबर...

गुरुद्वारों - मंदिरों की ये,
खुली अपील है॥
गिरजाओं - मस्जिदों की
यही तो दलील है।

इन सब से आ रही है प्यार की नई लहर...
हर हर महादेव अल्लाहो - अकबर...
एक राष्ट्र - भाषा हो,
एक राष्ट्र हो।
बल - साधन सम्पन्न,
एक नव स्वराष्ट्र हो॥
राष्ट्र पताका उड़े आकाश में फहर...
हर हर महादेव अल्लाहो - अकबर...

***

कदम से कदम

-आजाद साहू

कदम से कदम बस मिले साथियों
चलो तोये सारा ज़माना चले
तुम्हारे बूते सबेरा उगे
तुम्हारी ही ताकत से सूरज ढले
कदम से कदम बस मिले साथियों
चलो तो ये सारा ज़माना चले।

कोई रोक ले ऐसी ताकत नहीं
तुम्हें बांध ले कोई हिम्मत नहीं
अपने खुद पासवां, अपने खुद रहनुमां
अपने हाथों मुकद्दर बनाते चले
चलो तो ये सारा ज़माना चले।

सामने मुश्किलों के न गर्दन झुके
कारवां कामयाबी का अब न रुके
तुम बनो नित-नये ज़लज़ले
चलो तो ये सारा ज़माना चले

दूरियां राह की सब मिट जायेंगी
मंजिलें तेरे कदमों तले आयेंगी
फिर जगाओ नये हौसले
चलो तो ये सारा ज़माना चले
कदम से कदम बस मिले साथियों
चलो तो ये सारा ज़माना चले।

***

मेरा देश

-वीरेन्द्र मिश्र

लो अब गाता हूँ
कोई अंधकार की चादर मेरी ओर बढ़ाए ना
जलता दीप है ये
इससे प्यार मुझको
कोई मेरी खुशहाली पर खूनी आँख उठाए ना'
मेरा देश है ये
इससे प्यार मुझको
मेरा देश है ये...
इसकी मिट्टी में है गर्मी काल की
इसमें ताकत है उठते भूचाल की
इतिहास की गाथा इसके मूल में
एक चमकती दुनिया इसकी धूल में
इसके पवन झकोरों में वह प्यास है
सिर्फ बहारों को जिसका आभास है
संझा और सकारे ऐसे हैं कहाँ
सूरज चन्दा औ' सितारे ऐसे हैं कहाँ
श्यामा घटा, बिजली, बरखा, मनभावनी
रिमझिम बूँद, फुहार, चंदनियां, सावनी

आल्हा की हुँकार, रामायण की कथा
वृन्दावन की रास, गोपियों की व्यथा
त्योहारों की धूम, दीवाली के दीये
होली के रंगों-बिन कोई क्या जिए
मणिपुरी के नृत्यों की चंचल परी
और भारतनाट्यम पर छिड़ती बांसुरी
यह सब मेरी दुनिया की आवाज है
इस पर ही तो होता मुझको नाज है
लो अब गाता हूँ -
कोई हंसती-गाती राहों में अंगार बिछाए
पथ की धूल है ये
इससे प्यार मुझको
कोई मेरी खुशहाली पर खूनी आंख उठाए ना
मेरा देश है ये...

***